COMPUTER PROGRAMMING

스마트한 컴퓨터 프로그래밍 기초

| 스크래치, C 언어, Java, 파이썬 |

임동균 • 박일선 지음

한티미디어

저자 소개

임동균 eiger07@hycu.ac.kr
한양사이버대학교 컴퓨터공학과 교수

박일선 isparkbobae@gmail.com
한양사이버대학교 컴퓨터공학과 교수

예제소스파일 다운로드:
교재의 예제소스파일은 한티미디어 웹하드에서 다운받을 수 있습니다.
① https://only.webhard.co.kr/login (ID: hantee / PW: hantee)
② 내리기전용폴더 > 스마트한컴퓨터프로그래밍기초-예제소스파일폴더
③ 비밀번호 "4278"

스마트한 컴퓨터 프로그래밍 기초

발행일 2023년 3월 31일 초판 1쇄
지은이 임동균, 박일선
펴낸이 김준호
펴낸곳 한티미디어 | **주소** 서울시 마포구 동교로 23길 67 Y빌딩 3층
등 록 제15-571호 2006년 5월 15일
전 화 02)332-7993~4 | **팩스** 02)332-7995
ISBN 978-89-6421-460-2
가 격 27,000원

마케팅 노호근 박재인 최상욱 김원국 김택성
편 집 김은수 유채원
관 리 김지영 문지희
디자인 **내지** 디자인드림 | **표지** 유채원

이 책에 대한 의견이나 잘못된 내용에 대한 수정 정보는 한티미디어 홈페이지나 이메일로 알려주십시오.
독자님의 의견을 충분히 반영하도록 늘 노력하겠습니다.
홈페이지 www.hanteemedia.co.kr | 이메일 hantee@hanteemedia.co.kr

머리말

IT 시대를 살면서 컴퓨터를 전공하지 않아도 막연히 컴퓨터 프로그램에 대한 갈망이 있다. 게다가 요즘은 구글이나 아마존, 마이크로소프트 등의 굴지의 대형 회사에서 웹 3.0 시대의 트렌드에 맞게 오픈소스를 내놓고 함께 공유하고 함께 연구하며 시너지를 만들어 내고 있다.

IT는 한 단계 업그레이드되어 기업 간, 제품 간, 산업 간, 서비스 간 융합의 시대로 거듭 나고 있어 딱히 컴퓨터를 전공하지 않아도 프로그램을 조금 알아야 한다는 강박 아닌 강박도 없지 않아 있다.

그러나 프로그램 공부를 어디서부터 시작해야 하나? 또는 어떤 프로그램을 해야 하나? 내 전공과 융합할 수 있는 프로그램은 무엇인가? 등의 의문에 시달린다.

본 교재는 이런 궁금증을 한 번에 해결할 수 있도록 4개의 프로그램을 배우도록 구성하였다. Scratch, C, Java, Python 이 4개의 프로그램은 여러 프로그램 중 요즘 가장 기본적이면서도 최근 이슈가 되고 있고 사용이 편리하며 무엇보다도 무료로 사용할 수 있다는 큰 장점이 있다.

스크래치는 전 세계적으로 초등, 중고등 학교에서 수업을 하고 있으며 블록을 쌓으면서 프로그램의 기본적인 알고리즘을 쉽게 배울 수 있다. C 언어는 모든 프로그램의 기본으로 최근 프로그램 초보들이 파이썬이 쉽다는 이유만으로 파이썬만 배우려고 하는데 좀 더 길게 넓게 본다면 C 언어는 기본 프로그램 언어라 해도 과언이 아니다.

물론 여러 프로그램을 배워본다는 큰 장점은 있으나 그러기 위해서는 한 프로그램을 깊이 있게 배울 수는 없다. 그러나 처음 프로그램을 배우고 싶어하는 많은 초보 프로그램머들에게는 더 없이 좋은 교재라 자부한다.

프로그램을 처음 배우기 위해서는 교재를 선택하는 일이 무엇보다도 힘들다. 무턱대고 초보용 교재는 지루하고 중급용 교재는 처음 10페이지도 넘기기가 어렵다. 매 학기 수업이 시작되면 학생들이 가장 많이 하는 질문은 어떤 교재, 어떤 참고 교재가 좋을까요?이다.

본 교재로 4개의 프로그램을 익힌 후 자기에게 맞는 프로그램의 교재를 선택해서 집중적으로 공부를 하면 된다. 또한 교재는 각 장이 끝난 후 연습문제가 다량 수록되어 있어 문제를 풀면서 앞에서 배운 내용을 다시 한번 복습하고 내용을 확인하는 방식으로 공부하면 교재 활용의 최고의 시너지 효과를 낼 수 있다.

차례

CHAPTER 1 스크래치 기본 개념 익히기

CHAPTER 2 제어/이벤트 블록을 활용한 알고리즘의 이해

CHAPTER 3 형태/연산 블록 활용하기

CHAPTER 4 C 언어 기본 프로그램

CHAPTER 5 printf( ) 함수와 서식 문자 이해하기

CHAPTER 6 scanf 함수와 산술 연산자

CHAPTER 7 홀짝 게임 만들기

CHAPTER 9 자바 기본 프로그램의 이해

CHAPTER 10 클래스, 객체, 상속의 이해

CHAPTER 11 파이썬 변수와 데이터 활용하기

CHAPTER 12 조건, 반복, 함수 이용

CHAPTER 13 윈도우 프로그래밍

CHAPTER 01

스크래치 기본 개념 익히기

학습목차

1. 스크래치의 이해
2. 스크래치 오프라인 에디터 인터페이스
3. 스크래치 블록 종류
4. 스프라이트 동작시키기

학습목표

- 스크래치 에디터의 레이아웃과 기본 개념에 대해 학습할 수 있다.
- 스크래치 블록 유형에 따른 결합 방식에 대해 이해할 수 있다.
- 스프라이트의 회전 방식에 대해 학습할 수 있다.

1. 스크래치의 이해

1) 스크래치(Scratch)란 무엇인가?

- 스크래치는 미국 MIT 대학 미디어 랩의 Lifelong Kindergarten Group에서 개발한 교육용 프로그래밍 언어로 무료이다.
- 스크래치는 주로 8 ~16세를 대상으로 개발되었지만 모든 연령층에서 사용 중이다.
- 스크래치는 세계 150개 이상의 나라에서 40개 이상의 언어로 사용되고 있다.
- 처음 프로그래밍을 배우는 학생들이 쉽게 코딩을 할 수 있도록 고안되었다.
- 블록 형태의 명령어를 결합하는 방식만으로 프로그램을 완성하여 다양한 컨텐츠를 제작할 수 있다.

2) 스크래치의 장점

스크래치는 온라인상에서 언제 어디서나 웹 브라우저를 통해 바로 프로젝트를 만들고 저장할 수 있다.

오프라인 에디터가 무료로 배포되어 내 컴퓨터에 다운받아 인터넷이 안 되는 장소에서도 프로젝트를 만들 수 있다.

기본 명령어 외에 그림, 애니메이션, 사운드 등 다양한 멀티미디어를 지원한다.

사용자가 어떤 알고리즘을 구현시키느냐에 따라 초등에서부터 성인에 이르기까지 다양한 수준의 결과물을 만들어낼 수 있다.

스크래치는 전 세계 사람들이 각자가 만든 결과물을 온라인을 통해 공유할 수 있고 다른 사람들의 결과물을 볼 수 있을 뿐 아니라 타인이 만든 결과물을 자신의 스튜디오로 가져와 수정할 수도 있다.

스크래치의 좌우명

- 상상(Imagine)
- 프로그래밍(Program)
- 공유(Share)

3) 스크래치 온라인 회원 가입하기

스크래치를 사용하기 위해서는 먼저 인터넷에 접속하여 무료 회원가입을 한다.

회원가입을 하게 되면 자료 저장, 공유 등 편리한 기능들을 사용할 수 있다.

(1) scratch.mit.edu에 접속한다.

스크래치 화면 오른쪽 위에 있는 [스크래치 가입] 메뉴를 클릭한다.

2. 스크래치 오프라인 에디터 설치하기

1. Scratch.mit.edu 사이트에 접속해서 메인 화면 맨 아래 [지원] – [오프라인 에디터]를 클릭한다.

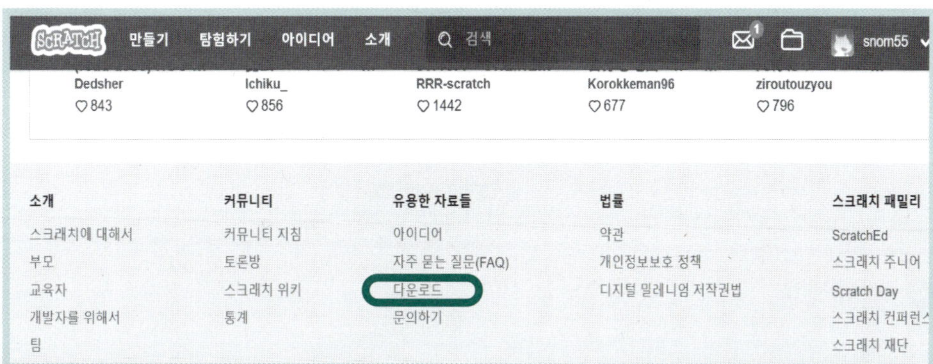

❷ 본인의 컴퓨터의 운영체제를 선택한 후 스크래치 앱을 다운로드한다.

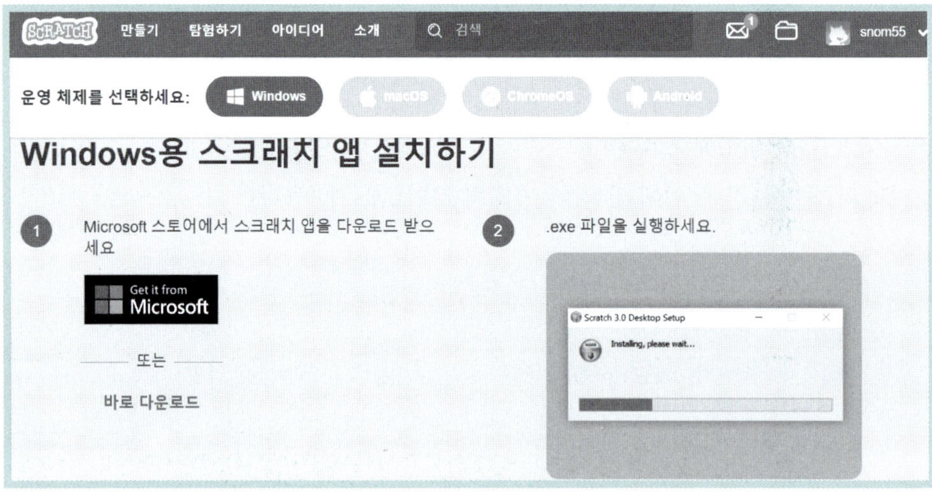

❸ Scratch 3 설치 시작

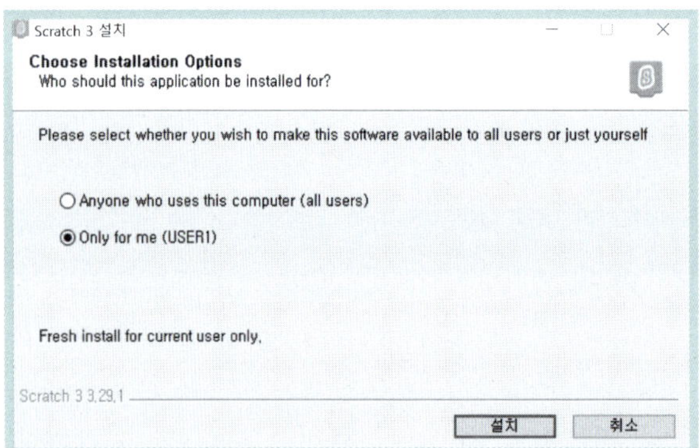

❹ 설치 완료

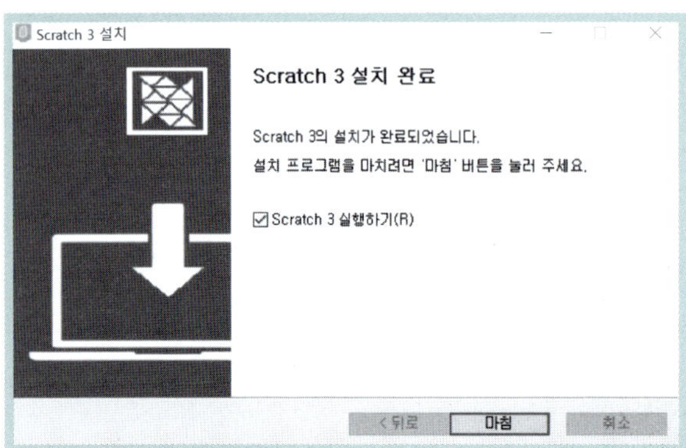

1) 스크래치 기본 용어

스크래치에서 프로그램을 하기 위해서는 크게 [무대], [스프라이트], [코드] 세 개념이 필요하다.

이 세 가지 개념들이 어우러져 하나의 프로그램이 완성된다.

(1) 무대

무대는 스프라이트가 움직이는 공간이다.

무대에는 다양한 스프라이트를 만들어 놓을 수 있다.

무대 배경은 다양한 이미지나 색으로 변경할 수 있다.

(2) 스프라이트

스프라이트는 '무대' 위에서 움직일 수 있는 객체를 말한다.

하나의 프로젝트에는 여러 개의 스프라이트가 동시에 사용될 수 있다.

또한 하나의 스프라이트는 2개 이상의 모양을 가질 수 있다.

여러 가지 모양을 가진 하나의 스프라이트는 상황에 맞게 모양이 변할 수도 있다.

(3) 코드(스크립트)

코드는 스프라이트와 무대를 작동시키기 위한 명령어 모음이다.

스크립트는 여러 블록의 조합으로 만들어지는데 코드 영역에서 블록이 결합된다.

스프라이트를 움직일 때도 무대를 조건에 따라 변경시킬 때도 스크립트를 이용한다.

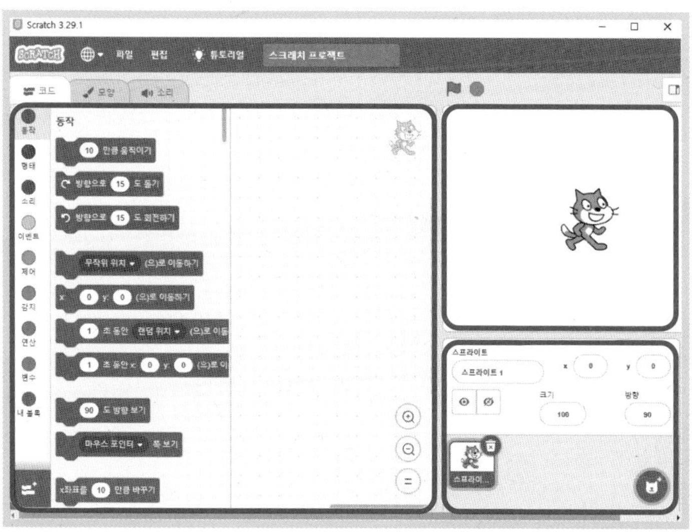

3. 스크래치 오프라인 에디터 인터페이스

1) [실행] 창

실행 창은 프로젝트의 모든 결과물을 확인할 수 있는 공간이다.

스프라이트와 무대가 스크립트에 따라 기능을 수행하는 공간이기도 하다.

1. 클릭하면 현재 열려있는 프로그램이 실행된다.
2. 실행되고 있는 프로그램이 정지된다.
3. 스크립트 창을 넓게 쓸 수 있다.
4. 실행 창을 원래대로 넓힐 수 있다.
5. 실행 화면만 최대로 확장할 수 있다.

2) [스프라이트] 창

(1) 새 스프라이트 삽입하기

4가지 방법을 이용해서 새로운 스프라이트를 삽입할 수 있다.

1. **[스프라이트 업로드]** 본인이 직접 제작한 스프라이트 파일을 불러올 수 있다.
2. **[서프라이즈]** 무작위로 예상치 못한 스프라이트를 불러올 수 있다.
3. **[그리기]** 스크래치 [모양] 창에서 스프라이트를 직접 제작할 수 있다.
4. **[스프라이트 고르기]** 스크래치 프로그램 내에서 제공된 스프라이트를 불러올 수 있다.

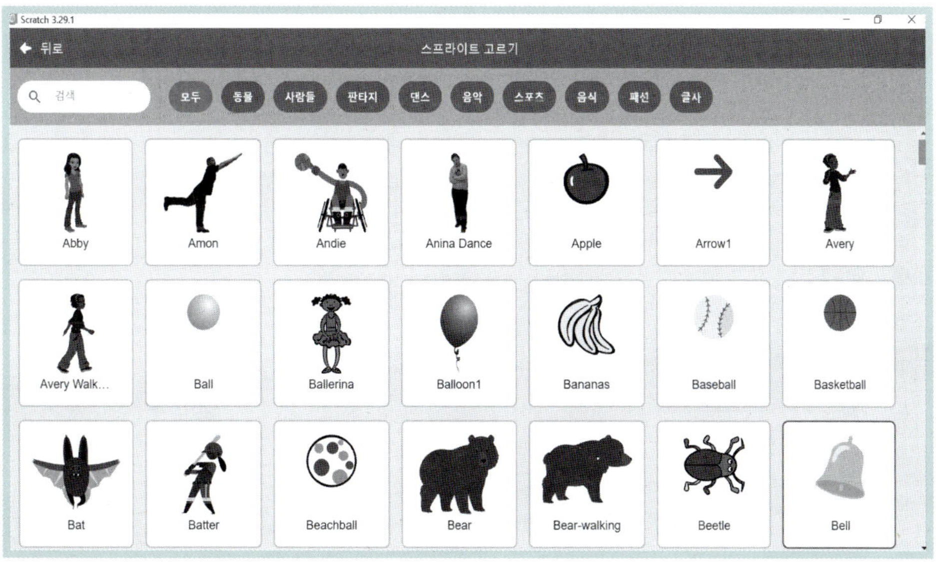

(2) 스프라이트 변경하기

스프라이트 창에는 현재 프로젝트에서 사용하고 있는 스프라이트 크기, 방향, 위치 등을 수정할 수 있다.

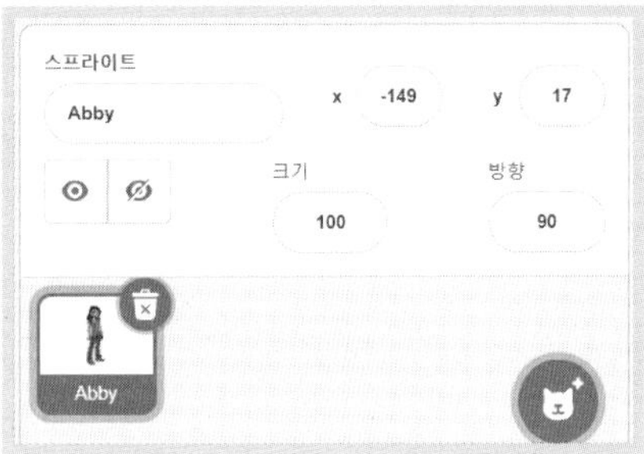

(3) [스크립트] 창

[스크립트] 블록 모음은 총 10가지 코드 카테고리로 구분되며 각각의 코드 카테고리에는 여러 다양한 기능을 수행할 수 있는 블록 리스트들이 있다.

스크립트는 현재 선택된 스프라이트 또는 무대에 해당하는 스크립트를 보여주기 때문에 다른 스프라이트를 선택하면 이전 스크립트는 사라지고 새로이 선택한 스프라이트에 해당하는 스크립트가 나타난다.

스크립트는 블록 리스트에 있는 블록들을 스크립트 영역에 "드래그 앤 드롭" 방식으로 끌어다 놓으면 된다.

스크립트들이 블록처럼 쌓이면서 코딩이 완성된다.

(4) [소리] 창

[소리 정보] 창에서는

음량 조절 외에도 페이드 인, 페이드 아웃 등의 효과를 줄 수 있다.

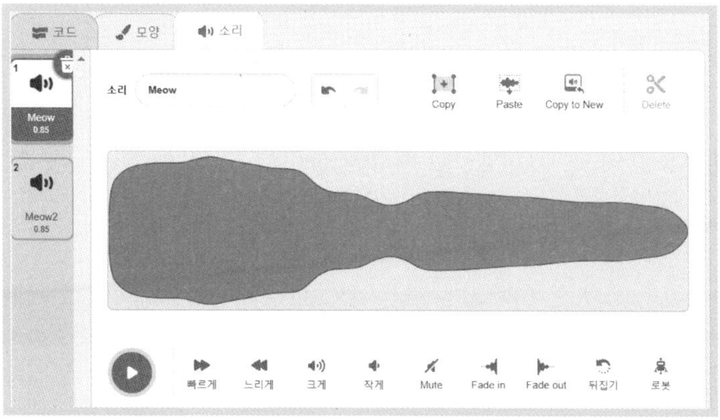

(5) [무대 정보] 창

무대 정보 창에서 무대 배경을 선택할 수 있다.

무대 정보 창에서 배경을 선택한 후 [배경] 탭에서 선택한 배경을 부분적으로 수정할 수 있다.

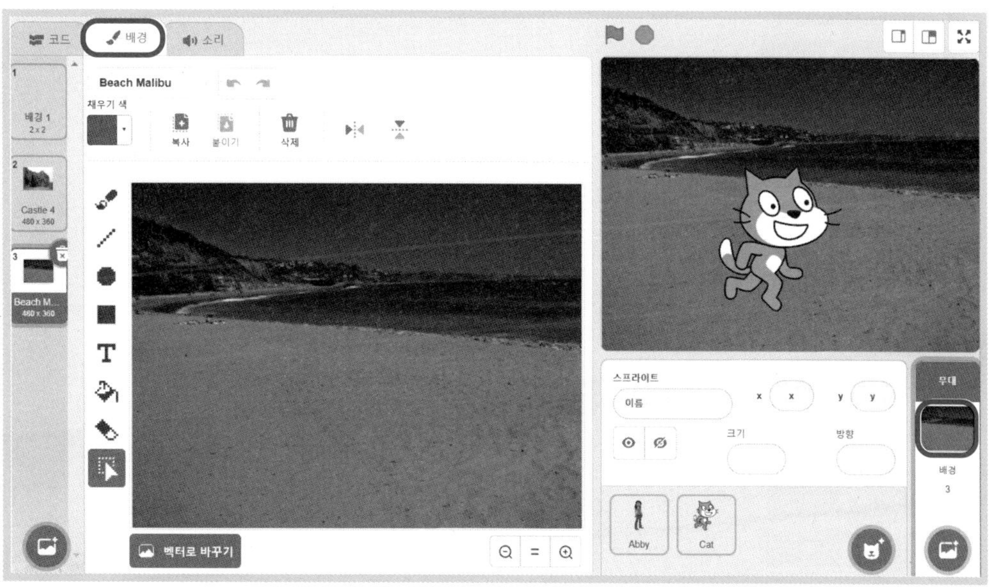

무대 배경 바꾸기

4가지 방법을 이용해서 무대의 배경을 바꿀 수 있다.

1. **[배경 업로드]** 배경 파일을 불러올 수 있다.
2. **[서프라이즈]** 무작위로 다른 배경을 불러올 수 있다.
3. **[그리기]** 배경을 에디터에서 그릴 수 있다.
4. **[배경 고르기]** 스크래치 프로그램 내에서 제공된 배경을 불러올 수 있다.

4. 스크래치 블록 종류

동작 블록

동작 블록에는 스프라이트를 움직이거나 초기 위치를 지정하거나 마우스나 키보드로 동작시킬 수 있는 블록들로 주로 스프라이트의 동작에 관여하는 블록들이 있다. 스크래치에서 가장 많이 사용하는 블록이기도 하다.

형태 블록

형태 블록은 스프라이트가 말하거나 생각할 수 있게 한다. 또한 모양을 바꾸거나 배경을 바꾸거나 스프라이트의 크기, 색깔을 바꾸거나 모양에 이펙트를 주기 위한 블록들이 있다.

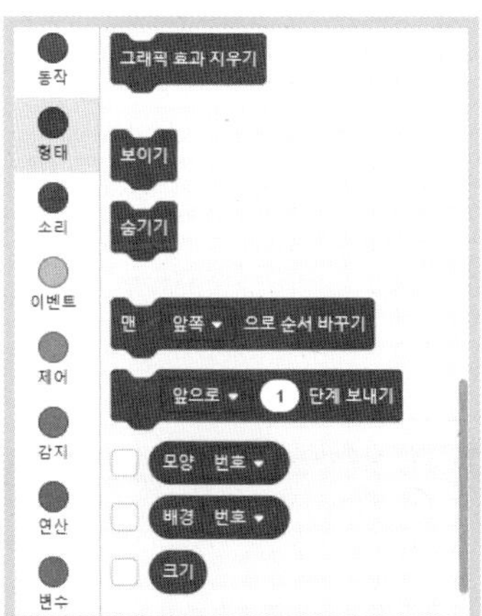

소리 블록

동물 소리, 악기 소리 등을 재생하거나 소리에 효과를 주는 블록들이다.

이벤트 블록

스크래치에서 작성한 프로그램을 실행시키거나 프로그램 진행 중에 이벤트를 발생시키는 블록들이 있다. 배경이 바뀌었을 때나 키보드, 마우스 등을 클릭했을 때 이벤트를 발생시킨다.

또한 메시지 신호를 보내 이벤트를 발생시키기도 한다.

제어 블록

프로그램 운영을 원활히 하기 위해 딜레이 타임, 반복문, 조건문 등을 사용할 수 있는 블록들이 있다.

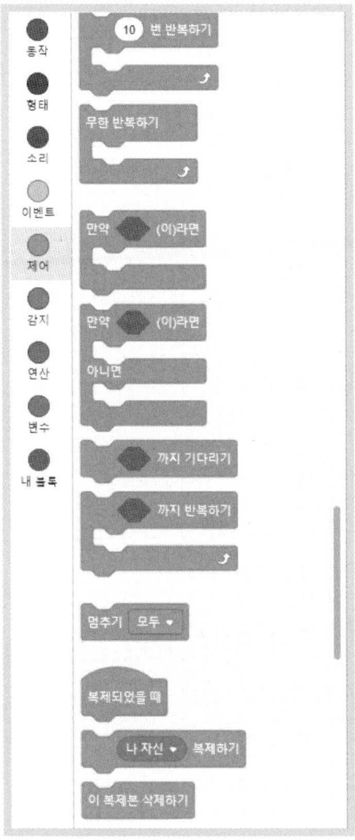

감지 블록

색깔이나 스프라이트, 마우스 포인터 등을 감지하거나 컴퓨터의 시간을 감지해 출력해 주는 블록들이 있다.

감지 블록은 주로 제어 블록의 조건문 블록의 조건으로 많이 사용된다.

블록 자신이 독립적으로 다른 블록과 위, 아래로 결합되기보다는 다른 블록에 종속되어 조건 블록의 빈칸으로 결합되는 경우가 많다.

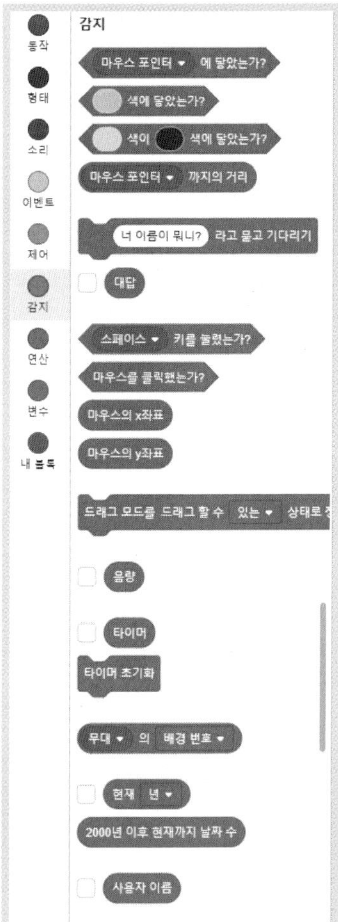

연산 블록

사칙연산을 하거나 절댓값, 함수, 제곱근 등의 수학 계산도 할 수 있다.

조건문의 조건에 쓰일 수 있는 부등식 블록도 있고 글자와 글자를 결합하는 블록도 있다.

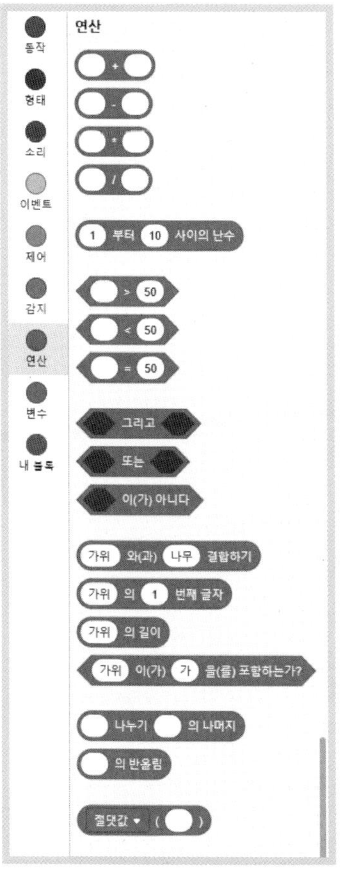

변수 블록

변수 블록은 프로그램에 필요한 변수를 그때그때 사용자가 즉석에서 만들어 쓸 수 있다. 프로그램에서 점수를 계산하거나 시간을 누적시키거나 횟수를 세는데도 사용한다.

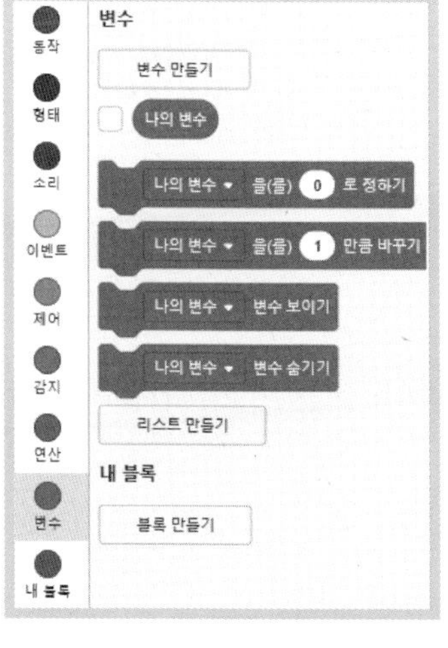

1) 유형별 코딩 블록

프로그램을 작성하기 위해서 스크래치에서는 블록을 결합시키면서 스크립트를 작성하게 된다.

블록들은 각기 다른 모양을 가지고 있는데 그 모양에 맞춰서 결합이 된다.

블록의 결합은 블록들의 몇 가지 형태에 따라 결합 방식이 다르기 때문에 블록의 형태를 알면 스크립트 작성이 쉬워진다.

위가 둥근 형태 블록

블록의 모양이 위가 둥그런 형태의 블록들은 자신의 블록 위로는 다른 블록을 결합시킬 수 없고 아래로만 결합할 수 있다.

주로 프로젝트를 시작하기 위해서 사용하고 이벤트 블록에 많이 있다.

홈이 파인 형태 블록

이 블록은 위에 홈이 파여있고 아래는 약간 볼록한 면이 있어 자신의 위 또는 아래로 다른 블록을 결합할 수 있다.

육각형 형태 블록

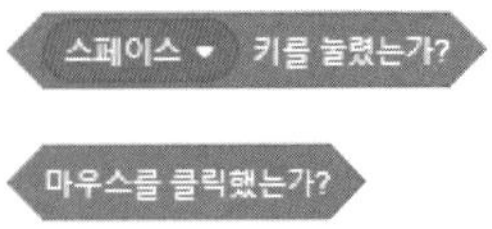

육각형 형태의 블록은 위나 아래로 다른 블록과 결합되는 것이 아니라 다음과 같이 육각형 모양의 빈칸 안에 결합된다.

둥근 타원 형태 블록

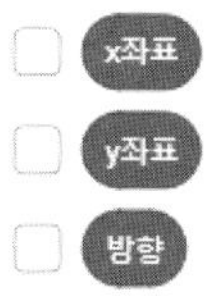

타원형 형태의 둥근 블록은 위나 아래로 다른 블록과 결합되는 것이 아니라 다른 블록의 안으로 들어가 결합되는데 모양이 둥글기 때문에 둥근 모양의 빈칸에 결합할 수 있다.

둥근 형태 블록을 클릭해 보면 숫자나 문자를 출력해 준다.

둥근 빈칸 형태 블록

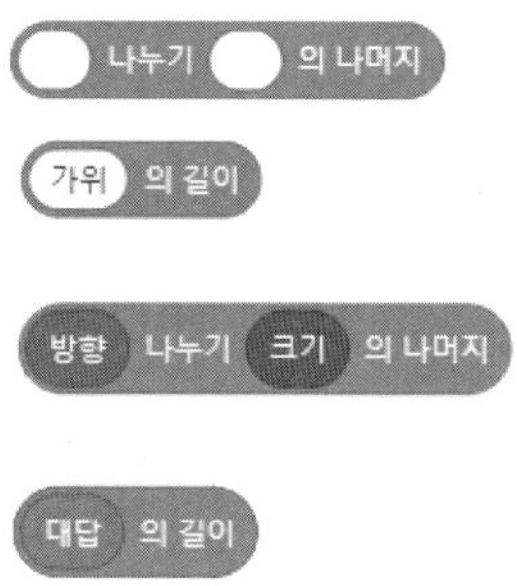

5. 스프라이트 동작시키기

무대 좌표값

무대에서 스프라이트가 움직이는 위치는 2차원을 표시하는 x좌표와 y좌표를 사용한다.

무대 공간은 (x : 0, y : 0)을 중심으로 오른쪽으로 240, 왼쪽으로 240, 위쪽으로 180, 아래쪽으로 180만큼의 크기를 가진다.

오른쪽의 반대인 왼쪽은 (−)음수로 표현하고 위쪽의 반대인 아래쪽을 (−)음수로 표현한다.

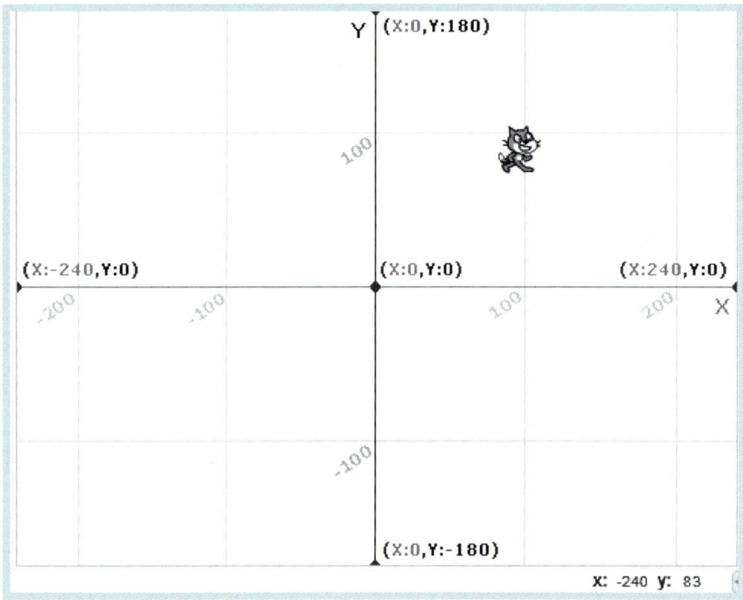

스프라이트 정보 창 활용하기

스프라이트를 좀 더 다양하게 움직이기 위해서는 [스프라이트 정보 창]을 잘 활용해야 한다.

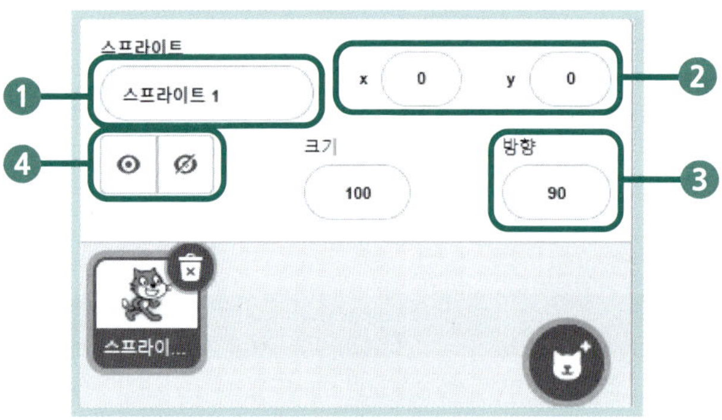

❶ **스프라이트의 이름** : 현재 스프라이트의 이름을 보여준다. 원하는 이름으로 수정할 수 있다.

❷ **스프라이트의 위치 좌표** : 스프라이트의 현재 위치를 x, y 좌표값으로 표시한다. 스프라이트의 위치가 변경되면 자동으로 이 위치 좌표값도 변경된다.

❸ **스프라이트의 방향** : 스프라이트의 현재 방향 값과 스프라이트의 회전 방식을 표시한다. 회전하기, 왼쪽/오른쪽, 회전하지 않기 등 3가지 방식 중에 하나를 선택한다.

④ **보이기/숨기기** : 실행 창에서 스프라이트를 보이게 했다가 안 보이게 할 수 있다.

스프라이트 회전 방식의 이해

회전방식		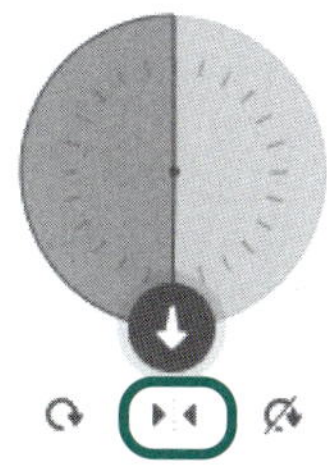	
	회전하기	왼쪽/오른쪽	회전하지 않기
	주어진 각도대로 회전	180도를 기준으로 왼쪽과 오른쪽으로만 돈다.	어떤 경우라도 회전하지 않는다.
결과	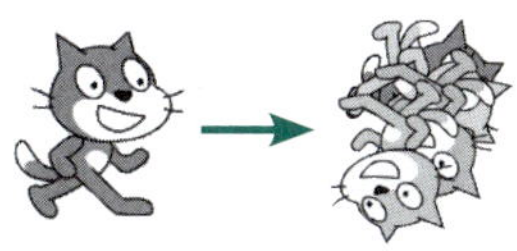		

1) (90)도 방향 보기

방향 보기의 경우에도 회전 설정 옵션이 무엇인가에 따라 회전각의 값에 따른 회전 결과가 달라진다.

모든 스프라이트는 처음 추가했을 때 방향 보기 기본값이 90도이다.

방향 보기에서 사용할 수 있는 각도 값은 0 ~ 180, −1 ~ −179이다.

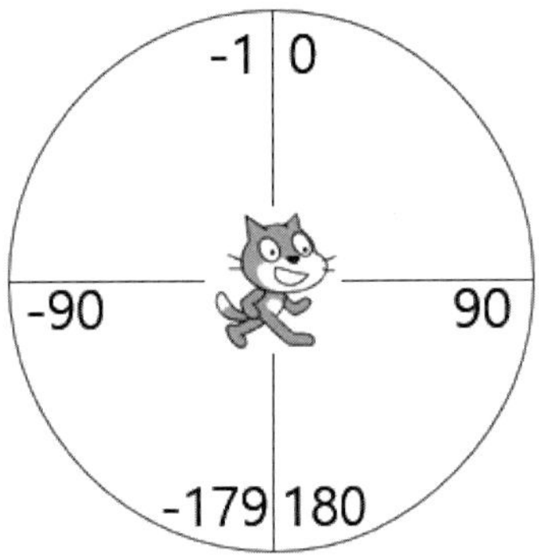
-1
0
-90
90
-179
180

학습정리

1. 스크래치의 기본 개념

무대

무대는 스프라이트가 움직이는 공간이다.

무대 배경은 다양한 이미지나 색으로 배경을 그릴 수 있다.

스프라이트

스프라이트는 '무대' 위에서 움직일 수 있는 객체를 말한다.

하나의 프로젝트에는 여러 개의 스프라이트가 동시에 사용될 수 있다.

또한 하나의 스프라이트는 2개 이상의 모양을 가질 수 있다.

스크립트(코드)

스크립트(코드)는 스프라이트와 무대를 작동시키기 위한 명령어 모음이다.

코드는 여러 블록의 조합으로 만들어지는데 코딩 영역에서 블록이 결합된다.

스프라이트 좌표값

스프라이트를 움직이는 무대가 2차원이므로 2차원을 표시하는 x좌표와 y좌표를 사용한다.

가로가 x좌표이고 세로가 y좌표이다.

무대 위치

무대 공간은 (x : 0, y : 0)을 중심으로 오른쪽으로 240, 왼쪽으로 240, 위쪽으로 180, 아래쪽으로 180만큼의 크기를 가진다.

스프라이트 회전 방식

회전하기, 왼쪽/오른쪽, 회전하지 않기 등 세 방식이 있다.

연습문제

1. 스크래치의 특성에 관한 설명이 바르지 못한 것은 무엇인가?
   ① 블록 결합 방식과 텍스트 명령어 입력 방식의 혼합 방식이다.
   ② 완성한 프로젝트를 온라인으로 공유할 수 있다.
   ③ 공유된 다른 사람의 프로젝트를 내가 수정할 수 있다.
   ④ 스크래치 오프라인 버전을 다운받아 사용할 수 있다.

2. 스크래치에서 사용되는 기본 개념에 속하지 않는 것은 무엇인가?
   ① 저장소
   ② 스프라이트
   ③ 스크립트
   ④ 무대

3. 아래 그림과 같이 오른쪽을 보고 있던 스프라이트가 한 번의 클릭으로 아래를 보고 있다. 클릭 한 번으로 스프라이트를 움직일 수 있는 블록은 무엇인가?

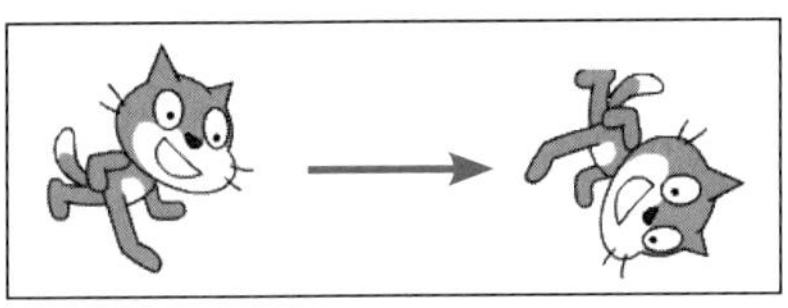

① 

② 

③ 

④ 

4. 다음 스크래치 프로그램에 대한 설명이 틀린 것은 무엇인가?
   ① 미국의 MIT에서 제작해 무료로 전 세계인들에게 제공한다.
   ② 스크래치를 활용한 자격증을 취득할 수 있다.
   ③ 스크래치 오프라인 에디터를 다운받아 누구나 사용할 수 있다.
   ④ 회원으로 가입하지 않으면 스크래치 오프라인 에디터를 사용할 수 없다.

5. 스프라이트 정보 창에서 할 수 있는 작업이 아닌 것은 무엇인가?
   ① 스프라이트 숨기기
   ② 스프라이트 색깔 변경하기
   ③ 스프라이트 크기 변경하기
   ④ 스프라이트 회전하기

6. 다음 설명 중 설명이 바르지 않은 것은 무엇인가?
   ① 스프라이트의 크기는 무대에서만 설정할 수 있다.
   ② 프로젝트를 무대만 모니터 화면으로 볼 수 있도록 하는 기능이 있다.
   ③ 스프라이트는 여러 개의 모양을 가질 수 있다.
   ④ 스크립트는 스프라이트와 무대를 작동시키기 위한 명령어 모음이다.

7. 다음 중 스크래치 활용에 대한 설명이 틀린 것은 무엇인가?
   ① 스프라이트가 움직이는 공간이 무대이다.
   ② 무대' 위에서 움직일 수 있는 객체는 스프라이트와 배경이다.
   ③ 하나의 프로젝트에는 여러 개의 스프라이트가 동시에 사용될 수 있다.
   ④ 하나의 스프라이트는 2개 이상의 모양을 가질 수 있다.

8. 다음 블록에서 빈칸 블록의 숫자가 잘못 사용된 것은 무엇인가?

   ① 200 도 방향 보기

   ② x: 200 y: 0 (으)로 이동하기

   ③ x좌표를 -180 만큼 바꾸기

   ④ -200 만큼 움직이기

정답 1. ① 2. ① 3. ② 4. ④ 5. ② 6. ① 7. ② 8. ①

CHAPTER 02

제어/이벤트 블록을 활용한 알고리즘의 이해

학습목차

1. 프로그램 알고리즘 이해하기
2. 무궁화 꽃이 피었습니다_제어 블록
3. 축구공 게임 프로젝트_이벤트 블록

학습목표

- 제어 블록을 활용하여 프로그램 알고리즘을 이해할 수 있다.
- 이미지 에디터를 활용하여 나만의 스프라이트를 만들 수 있다.
- 이벤트 블록의 다양한 방법으로 여러 가지 이벤트를 발생시킬 수 있다.

1. 프로그램 알고리즘 이해하기

프로그램을 작성할 때 문제를 해결하는 방법을 생각하게 되는데 이러한 문제를 해결하는 절차가 알고리즘이다.

코딩으로 보는 알고리즘은 복잡하고 어려울 수 있어 이를 좀 더 직관적이고 간단하게 이해할 수 있도록 도식화시킨 것을 '순서도'라고 한다.

순서도란 알고리즘을 특수 기호들로 표현한 방식이다.

프로그램에서 대표적으로 많이 사용하는 알고리즘에는 순차문, 반복문, 조건문 등이 있다.

1) 순차문(Sequence)

주어진 명령어들이 작성된 순서대로 실행되는 문장이다.

스크래치에서는 블록을 쌓는 방식으로 스크립트를 작성하는데 이 블록이 쌓여있는 순서대로 실행되는 것을 말한다.

예제 1

"스페이스" 키를 눌렀을 때 스크립트가 시작되어

(1)초 동안 (랜덤위치)로 이동한 후

1초간 기다리고

"안녕"을 2초 동안 말한다.

(예제 1)의 순서도를 보면 다음과 같이 알고리즘이 순서대로 실행되는 것을 알 수 있다.

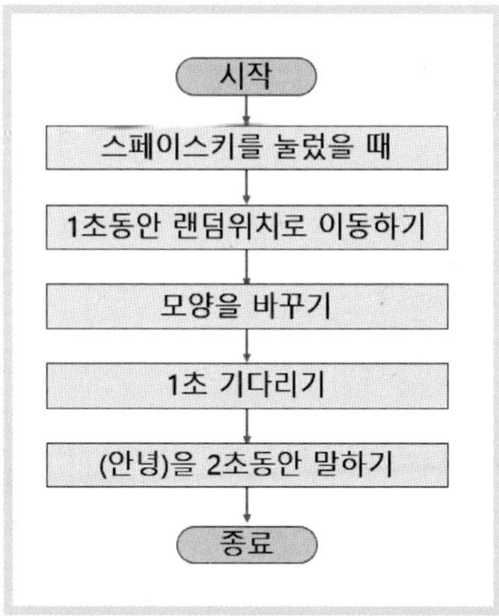

(예제 1)을 스크래치 블록으로 코딩하면 다음과 같다. 블록들이 단순하게 위, 아래로만 결합되어 있어 결합된 순서대로 블록(명령)이 실행된다.

2) 반복문(Repetition)

반복문에는 '무한 반복문', '유한 반복문', '조건 반복문' 등이 있다.

무한 반복문

프로그램을 종료할 때까지 무한 반복 루프가 제한 없이 영원히 반복되는 문장이다.

예제 2

"초록 깃발" 실행 버튼을 클릭하면

스프라이트를 10만큼 이동하고

1초 기다린 후

벽에 닿으면 튕기게 되고

이를 무한히 반복한다.

(예제 2)의 순서도를 보면 아래와 같다.

화살표를 따라가 보면 계속 루프가 반복되는 것을 알 수 있다.

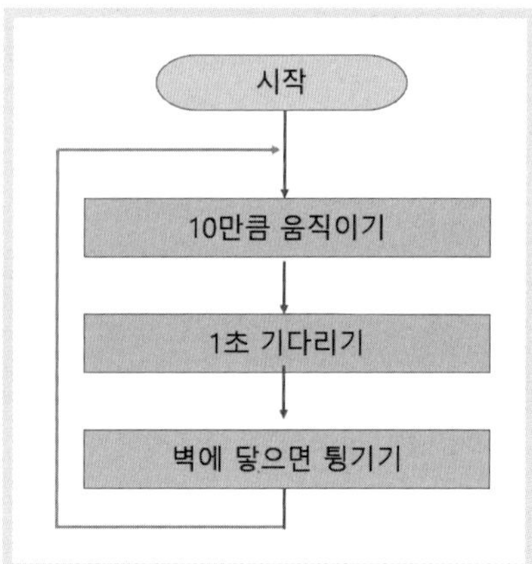

(예제 2)를 스크래치 블록으로 코딩하면 다음과 같다.

일단 프로젝트가 시작되면 종료할 때까지 [무한 반복하기] 블록 안에 쌓여 있는 블록들이 차례대로 실행되고 이 블록들은 계속 반복 실행된다.

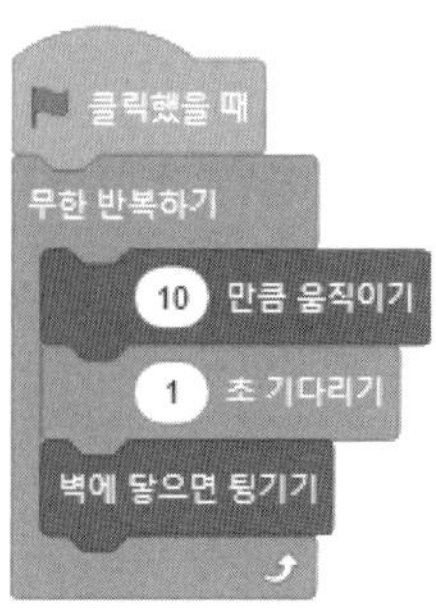

유한 반복문

반복하는 횟수가 정해져 있는 반복문을 의미한다. 유한 반복문은 횟수만큼 반복히고 루프를 빠져나가 그 다음에 있는 블록이 순차적으로 실행된다.

예제 3

"초록 깃발" 실행 버튼을 클릭하면

스프라이트가 시계 방향으로 60도를 돌고

자신의 색깔을 25만큼 바꾸고

1초 기다리기를

6회 반복한다.

(예제 3)의 순서도를 보면 아래와 같다.

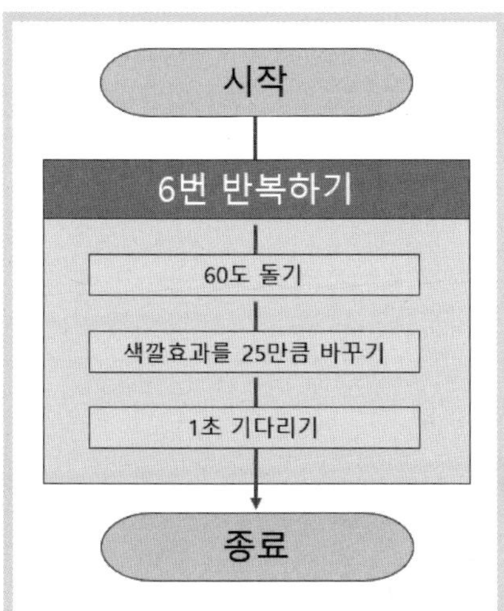

(예제 3)을 스크래치 블록으로 코딩하면 다음과 같다.

아래 결합 블록은 방향 돌기, 색깔 바꾸기, 1초 기다리기 블록들이 6회 반복한 후 자동으로 종료된다.

조건 반복문

조건을 만족하지 않으면(결과가 **거짓이면**) 반복문을 실행하고, 조건을 만족하면(결과가 **참이면**) 더 이상 반복문을 실행하지 않고 루프를 벗어난다. 즉, 조건이 거짓일 때만 루프 안에 있는 블록들이 실행된다.

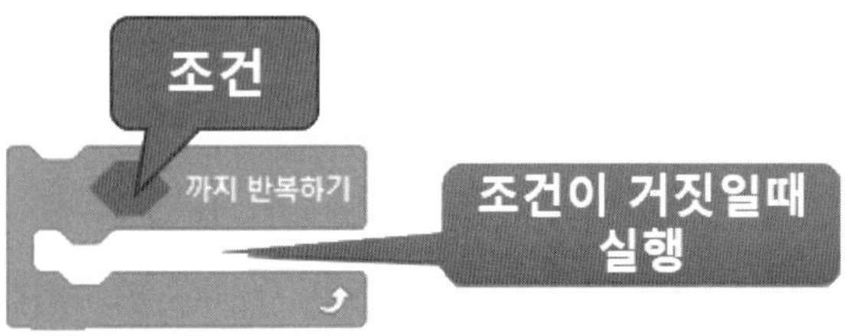

예제 4

스페이스 키를 눌렀는지를 계속적으로 조건 체크를 하다가

스페이스 키를 누를 때까지 계속해서 (10)만큼 움직이고

(0.5)초 기다리다

스페이스 키를 누르면

색깔 효과를 (25)만큼 바꾼다.

(예제 4)의 순서도를 보면 아래와 같다.

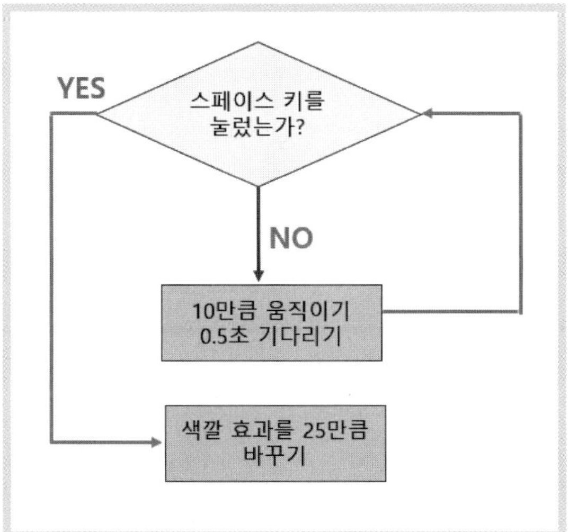

(예제 4)를 스크래치 블록으로 코딩하면 다음과 같다.

스페이스 키를 누르면 반복문을 빠져나가 색깔 효과 바꾸기 블록을 실행한다.

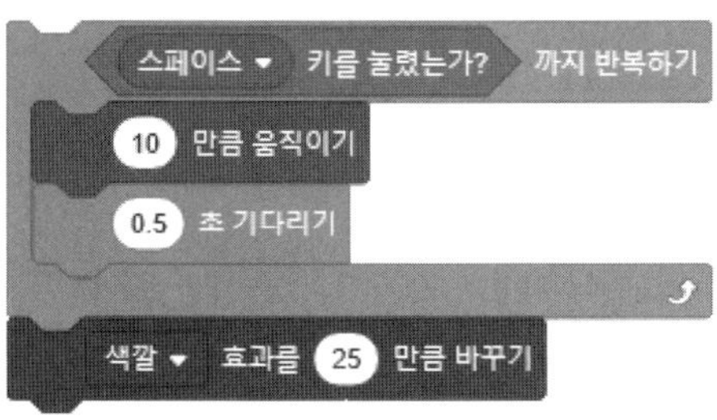

3) 조건문(Selection)

조건이 참이면 실행문을 실행하고 조건이 거짓이면 조건문을 빠져나와 그 다음 문장을 실행한다.

(1) 만약 ~ 라면(If ~ then)

조건문은 조건을 체크해서 조건에 맞으면 조건문 안에 있는 실행문을 실행한 후 조건문을 빠져나가 그 다음에 있는 순차문을 실행하게 된다.

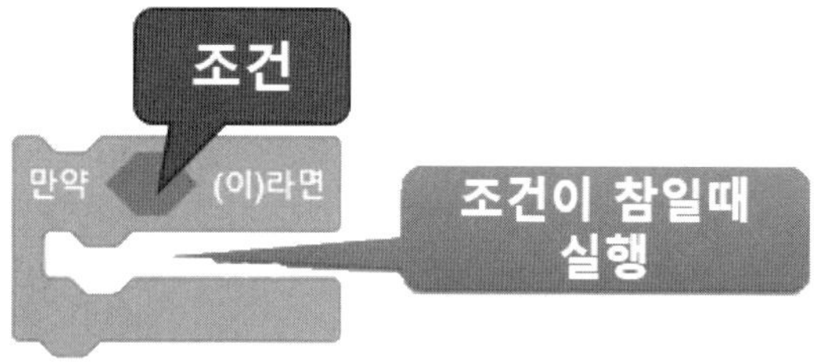

예제 5

만약 오른쪽 화살표 키를 눌렀다면

x좌표를 10만큼 바꾸고

모양을 (모양2)로 바꾼다.

오른쪽 화살표 키가 눌러지지 않았다면

모양을 (모양1)로 바꾼다.

(예제 5)의 순서도를 보면 아래와 같다.

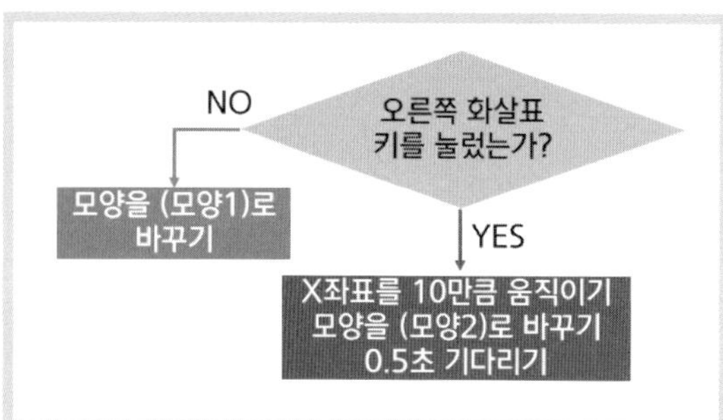

(예제 5)를 스크래치 블록으로 코딩하면 다음과 같다.

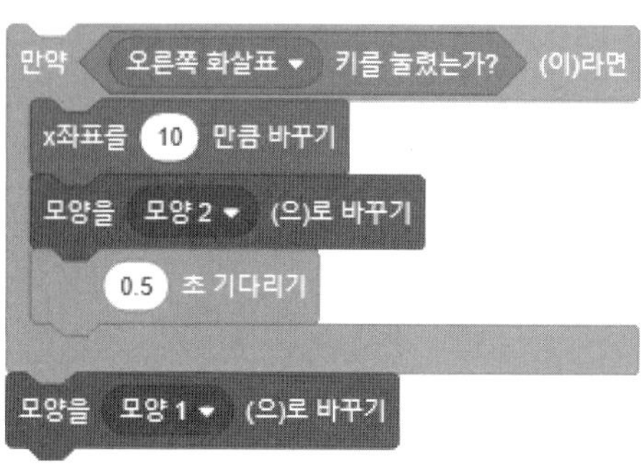

(2) 만약 ~ 이라면 ~ 이 아니면(If ~then~ else)

조건문에는 조건에 맞으면 실행해야 하는 문장 외에 조건에 맞지 않을 때 실행해야 하는 실행문을 작성하는 방식도 있다.

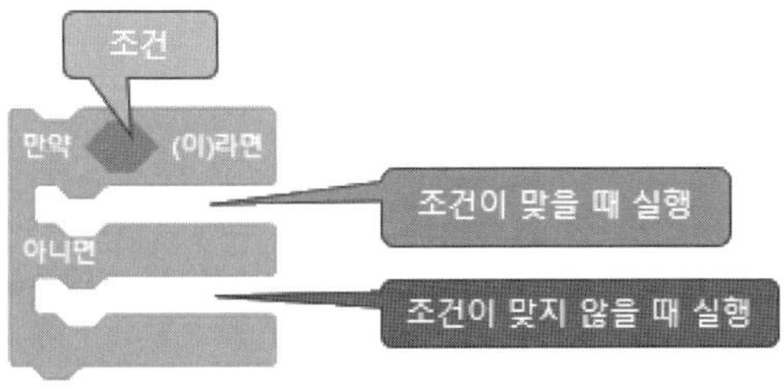

2. 무궁화 꽃이 피었습니다_제어 블록 활용

제어 블록의 조건문과 반복문 블록을 활용하여 "무궁화 꽃이 피었습니다" 게임을 만들어 본다.

스토리보드

술래가 "무궁화 꽃이 피었습니다"를 말하는 동안에는 움직이다가

술래가 보는 순간 스페이스 키를 눌러 동작을 멈추었다가 다시 술래가 돌아서면 앞으로 조금씩 진행하게 된다.

술래 스프라이트는 앞과 뒤를 돌아보는 두 개의 모양을 가지고 있는 스프라이트를 선택한다.

술래 코딩

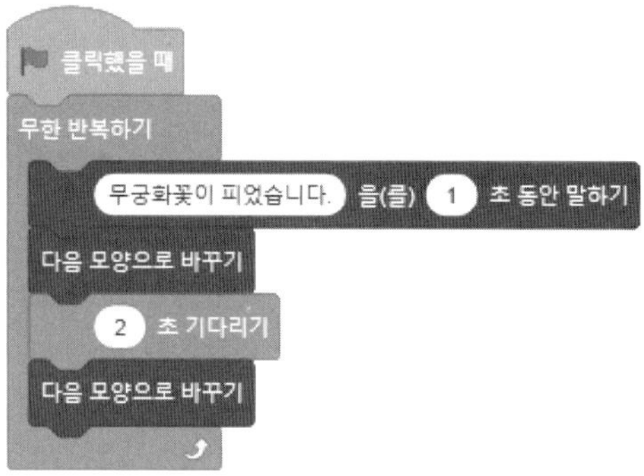

- 술래가 뒤로 돌아서서 "무궁화 꽃이 피었습니다"를 1초 동안 말한 후
- 돌아선다.
- 돌아서서 움직이는 사람이 있나 2초간 그대로 보고 있다가
- 다시 뒤로 돌아선다.

게이머 코딩

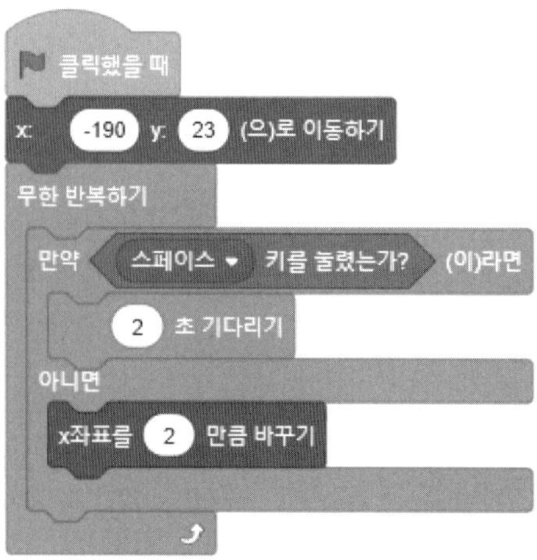

- 술래가 돌아서서 "무궁화 꽃이 피었습니다"를 외치는 동안에는 앞으로 2만큼씩 전진하다가 술래가 뒤로 돌아서는 순간 '스페이스' 키를 눌러
- 게이머를 2초간 움직이지 않게 한다. 동작을 멈추는 시간은 술래의 움직임을 파악하고 정한다.
- 다시 앞으로 전진한다.

3. 축구공 게임 프로젝트

1) 스토리보드 설계하기

축구공은 랜덤하게 사방 벽을 튕기면서 회전한다.

수비수를 마우스로 위, 아래로 움직이면서 튕기는 공을 골대 안에 들어가지 못하도록 막는다.

공을 막을 때마다 점수가 올라가고 5점 이상이 되면 "You won" 글자가 나온다.

공을 못 막아 골대에 닿으면 바로 "Game Over" 글자가 나오고 경기는 종료된다.

2) 축구공 회전시키기

Ball–Soccer 스프라이트를 선택한다.

❶ 게임 시작 시 공을 회전시킬 수 있도록 [(30)도 돌기] 블록을 사용한다.
이 블록을 먼저 사용하는 이유는 일단 먼저 공을 회전시켜야 일직선으로 공이 나가지 않게 하기 위함이다.

❷ 축구공에 직진성 움직임을 주기 위하여 [(15)만큼 움직이기] 블록을 사용한다. 공이 직진성이 없으면 그 자리에서 계속 돌기만 한다.

❸ 축구공이 벽에 닿았을 시 자동으로 튕겨 나와야 하므로 '벽에 닿으면 튕기기' 블록을 사용한다.

❹ 공이 계속 튕기면서 회전해야 하므로 무한 반복시킨다.

3) 공이 수비수에 닿았을 때

Ball-Soccer 스프라이트를 선택한다.

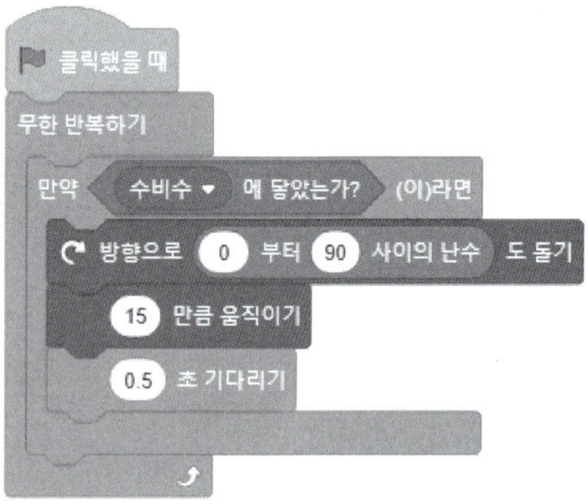

❶ 공이 수비수에 닿으면 튕기면서 회전할 수 있도록 [만약 (~)라면] 블록을 사용한다.

❷ 만일 공이 수비수에 닿게 되면 공이 튕길 수 있도록 하기 위해 도는 각도를 정해진 숫자를 입력해도 되고 임의로 자유롭게 움직임을 주기 위해 '난수'를 사용하여 [[( )부터 ( ) 사이의 난수] 돌기] 블록을 사용해도 된다.

4) 공이 Line에 닿았을 때 "Game Over"

'Line' 스프라이트를 선택한다.

이벤트 블록의 "신호보내기" 블록을 사용한다.

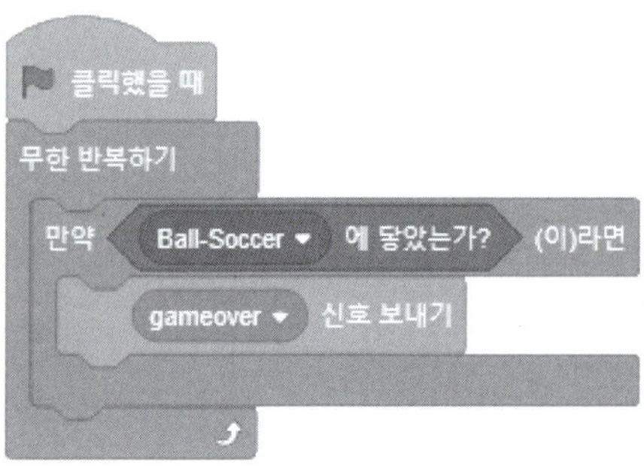

❶ 빨간 라인에 공이 닿았는지를 체크하기 위해 [만약 (Ball-Soccer에 닿았는가?)이라면] 블록을 이용한다.

❷ 공이 Line에 닿으면 게임을 종료시키기 위해 [(gameover) 신호 보내기] 블록을 이용한다.

신호 보내기/신호를 받았을 때_메시지 만들기

메시지 창에서 이름 란에 “gameover”이라고 입력한다.

['game over' 신호 보내기] 블록이 실행되면 ['game over' 신호를 받았을 때] 이벤트가 실행된다.

메시지 만들기

신호 보내기 블록의 옵션에서 '새로운 메시지'를 클릭하여 원하는 메시지를 입력한다.

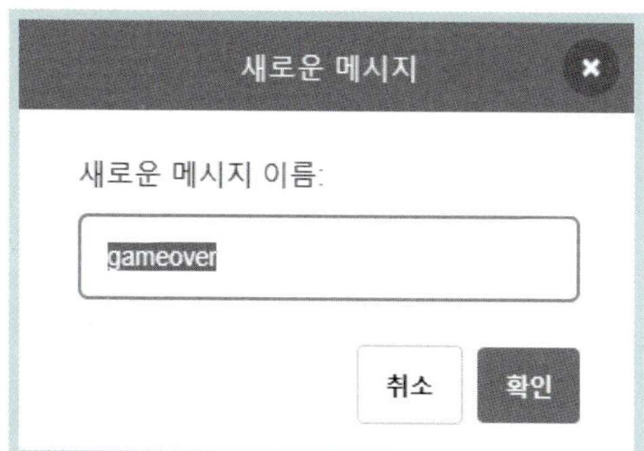

5) 수비수 마우스로 움직이기

수비수 스프라이트를 선택한다.

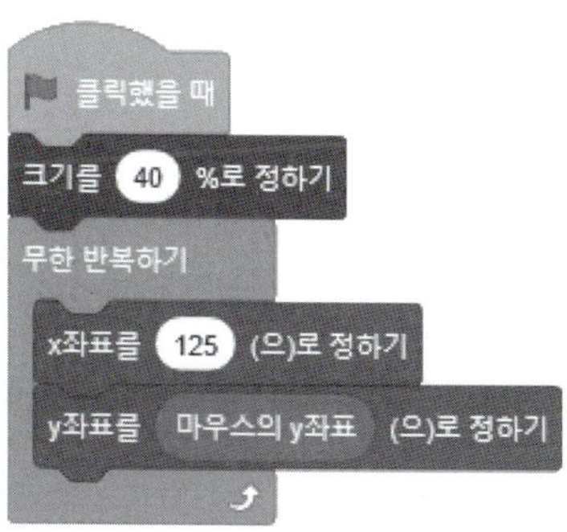

❶ 먼저 수비수의 크기를 적당히 만들기 위해 [크기를 (40)%로 정하기] 블록을 사용한다.

❷ 수비수를 위, 아래로 움직여야 하므로 [y좌표를 ( )으로 정하기] 블록을 이용하고 수비수를 마우스로 움직여야 하므로 각도를 입력하는 칸에 (마우스의 y좌표) 블록을 끼

워 넣는다.

수비수의 x좌표값은 일정하게 하여 y축으로만 움직여야 한다.

6) 점수 계산하기_변수 만들기

❶ [변수] – [변수 만들기]를 클릭한다.

❷ [새로운 변수] 창에서 '변수 이름(점수)'를 입력한다.

'모든 스프라이트에서 사용'에 체크한다.

❸ '점수' 변수가 생성되었고 더불어서 자동으로 [점수] 블록과 관련된 블록들이 생성된다.

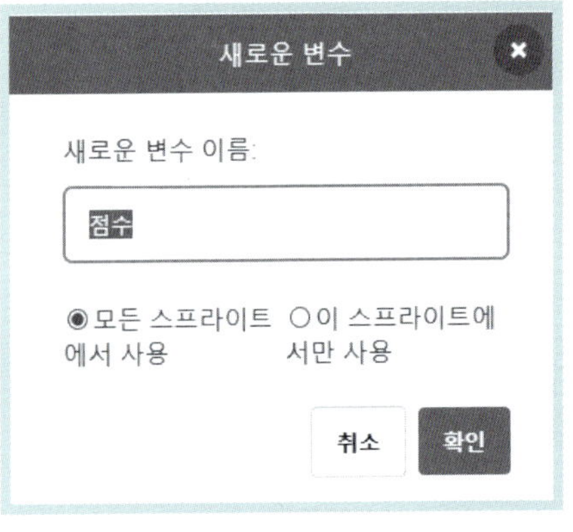

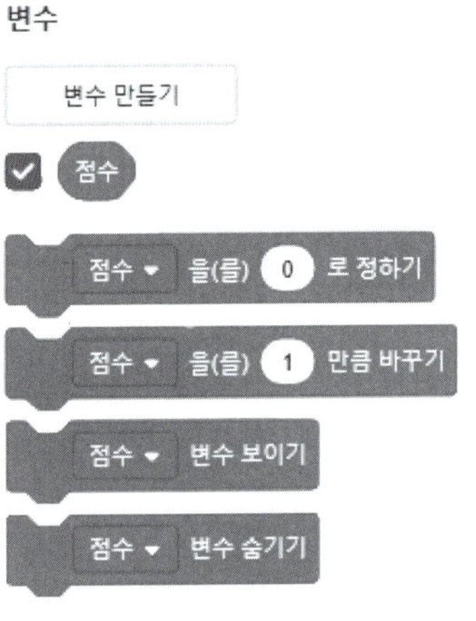

7) 점수 누적시키기

❶ 'Ball−Soccer' 스프라이트를 선택한다.

❷ 공이 수비수에 닿았을 때 점수를 '1'점씩 올리기 위해 공이 수비수에 닿았는지를 체크한다.

❸ 조건이 참이면, 즉 수비수가 공을 막으면 '점수'를 '1'점 더하기 위해 [(점수)를 (1)만큼 바꾸기] 블록을 이용한다.

❹ 점수를 1점 더한 후 계속해서 수비수에 공이 닿고 튕기게 하기 위해 [( )도 돌기] 블록을 이용해야 한다. 이때 각도는 정해진 상수나 난수를 사용할 수 있다.

❺ 공이 진행 방향으로 움직이도록 한다.

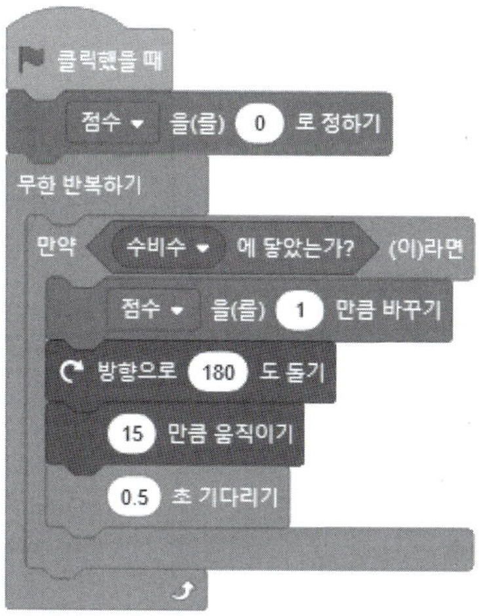

▶ 게임 시작될 때마나 섬수 변수는 '0'으로 초기화되어 있어야 한다.

8) "You Won" 출력하기

(1) "You Won" 스프라이트 제작하기

❶ [스프라이트 그리기]를 선택한 후 이미지 에디터 [모양]의 벡터 도구 모음에서 [텍스트]를 클릭한 후 글자("You Won")를 입력한다.

에디터 아래 [비트맵으로 바꾸기]를 클릭하면 비트맵 도구 모음으로 바뀌고 반대로 [벡터로 바꾸기]를 클릭하면 벡터 도구 모음으로 바뀐다.

비트맵 모드에서 텍스트는 수정이 어려우나 벡터 모드에서는 텍스트를 완성한 후에도 수정이 자유롭다.

❷ 텍스트를 완성한 후에는 스프라이트 이름을 정한다.

스프라이트 정보 창에 "You Won"이라는 스프라이트가 생성된다.

(2) You Won 화면에 띄우기

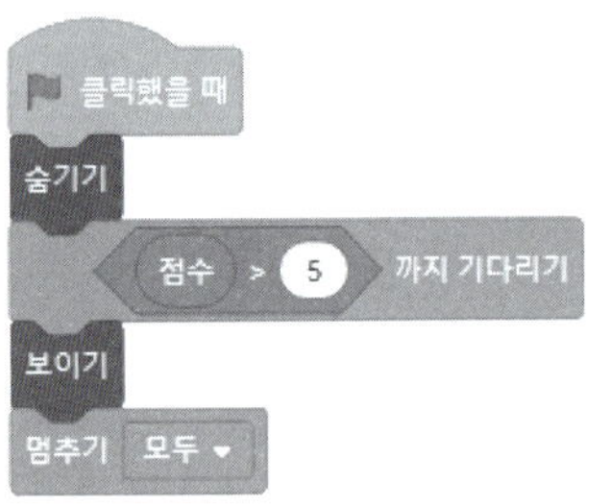

❶ "You Win" 글자는 처음에는 나타나지 않아야 하므로 [숨기기] 블록을 이용한다.

❷ 점수가 5점을 넘을 때까지 나타나지 않도록 하기 위해 조건으로 [( )까지 기다리기] 블록을 이용한다.

❸ 점수가 5점이 넘으면 글자가 나타나게 한다.

❹ 점수가 5점이 넘으면 게임을 종료한다.

9) "Game Over" 출력하기

(1) "Game Over" 스프라이트 만들기

[스프라이트 그리기]를 선택한 후 이미지 에디터 [모양]의 벡터 도구 모음에서 [텍스트]를 클릭한 후 글자("Game Over")를 입력한다.

스프라이트 정보 창에 “Game Over” 라는 스프라이트가 생성된다.

(2) Game Over 화면에 띄우기

1. Game Over 글자는 게임이 시작될 때는 나타나지 않아야 하므로 게임 시작 시 숨긴다.
2. [(gameover) 신호 보내기]를 받으면 그때서야 모습을 나타내도록 [보이기] 한다.
3. 게임이 종료되도록 실행된 모든 스프라이트를 멈춘다.

학습정리

주요 블록

변수 블록을 이용하여 점수를 한 점씩 계속 증가시키는 블록을 이용한다.

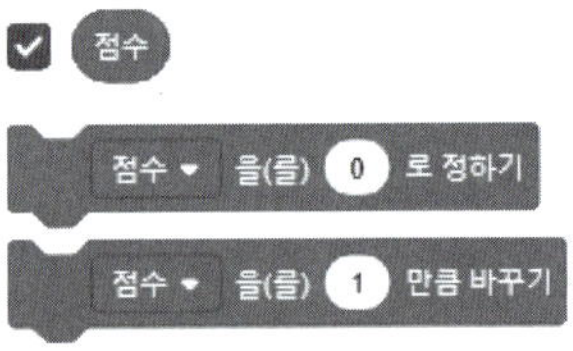

이벤트 블록을 이용하여 게임의 운영을 조절한다.

[(　)에 닿았는가?] 블록을 이용하여 공이 닿았을 때를 감지한다.

사방벽에 닿으면 튕기기

연산 블록의 난수 사용하기

연습문제

1. 다음 중 아래 조건문 블록의 조건으로 들어갈 수 있는 것은 무엇인가?

① 

② 

③ 

④ 

2. 다음 예시 블록에 대한 설명이 틀린 것은 무엇인가?

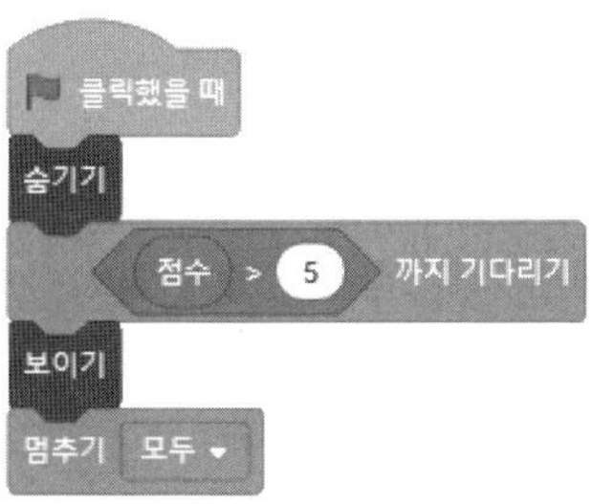

① 게임이 처음 시작될 때 해당 스프라이트는 보이지 않는다.
② 점수가 5점이 넘으면 그때 스프라이트가 나타난다.
③ 점수가 5점이 넘으면 게임이 종료된다.
④ 점수가 5점이 되면 스프라이트가 나타난다.

3. 축구공 스프라이트 블록에 대한 설명이 틀린 것은?
① 게임이 종료되면 점수는 '0'이다.
② 점수는 수비수가 공을 막았을 때 1점씩 증가한다.
③ 수비수가 공을 막으면 공이 180도 회전한다.
④ 공의 움직이는 속도를 위해 (0.5초 기다리기)를 사용했다.

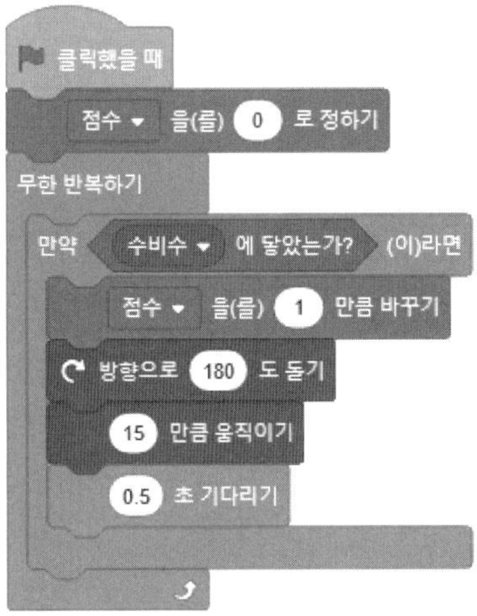

4. 다음 중 아래 조건문 블록의 조건 영역에 들어갈 수 없는 블록은 무엇인가?

① 

② 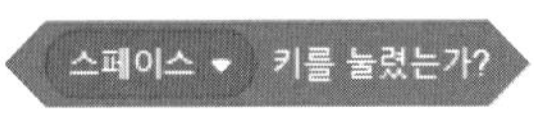

③ 

④ 

5. 아래 블록은 조건을 체크하고 조건이 참이면 “안녕” 말하기 블록이 실행된다. “안녕” 말하기 블록이 실행되지 않는 블록은 무엇인가?

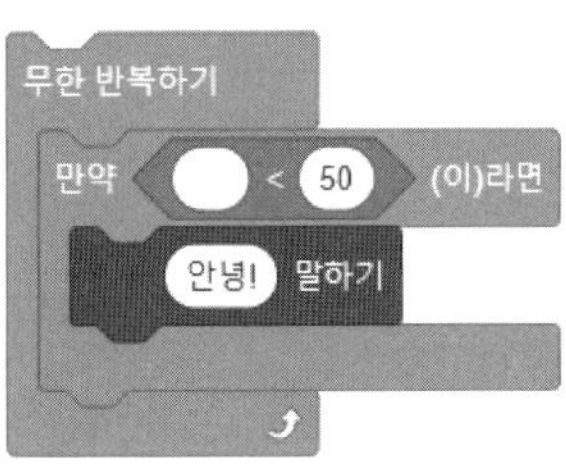

① 

② 

③ 

④ 

6. 아래 블록이 실행되기 위해서 필요한 블록은 무엇인가?

① 

② 

③ 

④ 

7. 다음 블록들 중 블록의 실행 방법이 다른 하나는 무엇인가?

① 

② 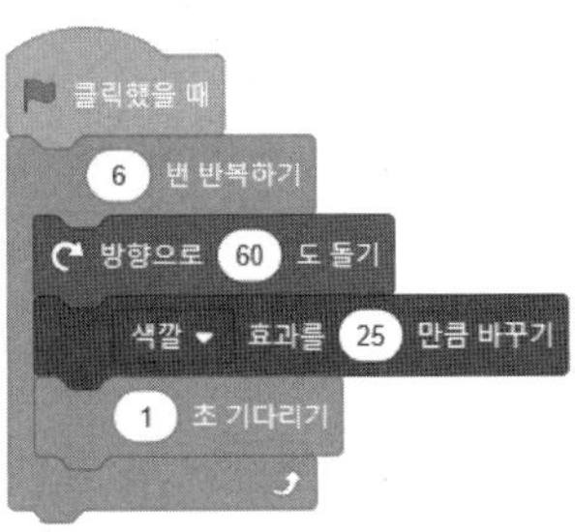

③ 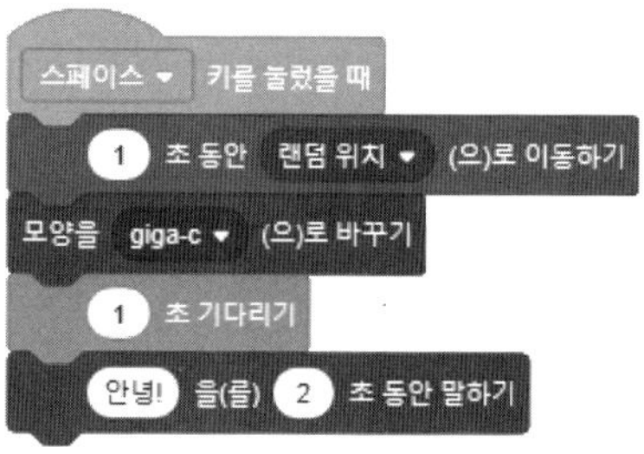

④ 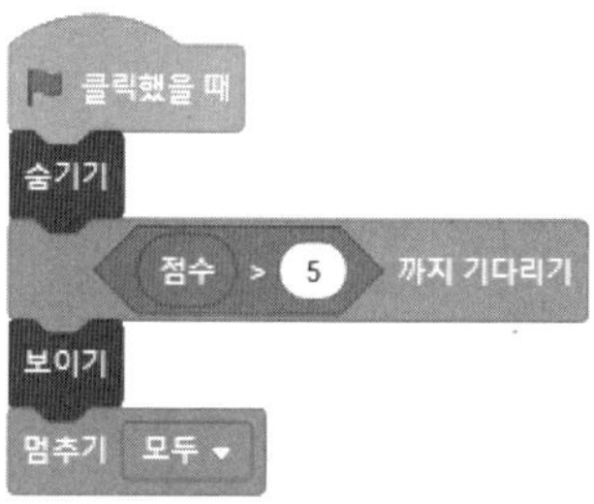

8. 아래 블록은 마우스로 수비수를 움직이고 수비수는 위아래로는 못 움직이고 좌우로만 움직이면서 공을 막아내기 위한 코딩이다. 각각의 빈칸에 들어갈 알맞은 코드로 짝지어 진 것은 무엇인가?

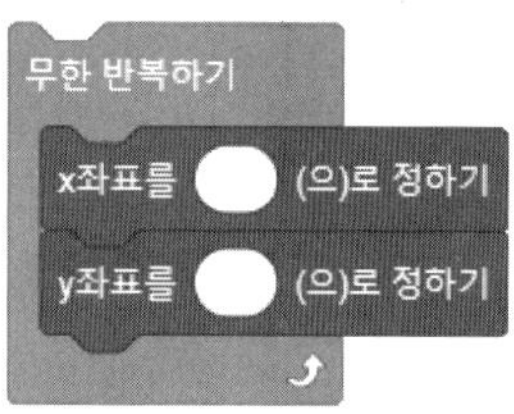

① −120, 마우스의 x좌표

② 마우스의 x좌표, −120

③ 190, 마우스의 y좌표

④ 마우스의 x좌표, 마우스의 y좌표

정답 1. ② 2. ④ 3. ① 4. ① 5. ④ 6. ④ 7. ③ 8. ②

CHAPTER 03

형태/연산 블록 활용하기

학습목차

1. 형태 블록 활용하기
2. 동물원 애니메이션
3. 연산 블록의 이해
4. 아날로그 시계 만들기

학습목표

- 형태 블록의 종류와 특징에 대해 알 수 있다.
- 형태 블록을 이용하여 색상이나 모양을 변경시킬 수 있다.
- 연산 블록을 이용하여 다양한 수학 문제를 푸는 게임을 제작할 수 있다.

1. 형태 블록 활용 비교하기

모양 바꾸기/다음 모양 바꾸기

스프라이트의 이름으로 모양을 바꾸는 기능이다. 한 스프라이트에 다양한 모양이 있어야 한다.

한 스프라이트에 여러 모양이 지정되어 있을 때 모양 이름으로 호출하는 것이 아니라 순서대로 모양이 바뀌도록 한다.

색깔 바꾸기/정하기

스프라이트에 다양한 그래픽 효과 – 색깔, 어안 렌즈, 소용돌이, 픽셀화, 모자이크 밝기, 반투명 효과 – 를 줄 수 있다.
블록이 실행될 때마다 효과들이 누적되어 나타난다.

그래픽 효과가 누적되지 않고 정해진 숫자만큼 한 번에 효과를 준다.

크기 바꾸기/정하기

스프라이트가 여러 개 겹쳐 있을 때 현재 스프라이트를 맨 앞쪽/맨 뒤쪽으로 보이는 순서를 정한다.

스프라이트가 겹쳐 있을 때 현재 스프라이트를 기준으로 앞으로/뒤로 1단계 보낸다.

숫자의 크기만큼 블록을 실행시킬 때마다 크기 효과가 누적되어 나타난다.
블록이 실행될 때마다 효과들이 누적되어 나타난다.

한번 정해진 숫자 크기로 크기가 변한 후 효과가 누적되지는 않는다.

2. 동물원 애니메이션

형태 블록을 활용하여 스프라이트의 모양을 바꾸어가면서 움직이는 애미메이션을 만들어 본다.

1) 스토리보드

동물원 사파리에 사자, 기린, 곰, 얼룩말이 돌아다니는 애니메이션이다.

각 동물들은 실제 걷는 것 같이 모양을 바꿔주면서 이동하게 한다.

좁은 공간에서 동물들이 겹쳐 지나갈 때 적절하게 겹치는 순서를 정한다.

소리 블록을 이용하여 동물의 소리를 낸다.

2) 스프라이트 추가하기

[스프라이트 고르기]에서 곰(bear−walking), 새(Toucan), 기린(Giraffe), 사자(Lion), 얼룩말(Zebra)을 추가한다.

스프라이트 정보 창에서 각 동물의 사이즈를 적당히 조절한다.

동물들이 서 있는 기본 방향도 좌 또는 우로 움직이는 방향을 정해서 조절한다.

곰

곰의 크기는 50으로, 시작할 위치는 x : −174, y : 67로 정한다. 이때 스프라이트를 [무대] 위 원하는 위치에 옮겨놓으면 해당 스프라이트의 동작 블록의 x, y 위치값이 자동으로 바뀐다. 이때 바뀐 위치값의 블록을 코딩 영역에 드래그 앤 드롭시키면 된다.

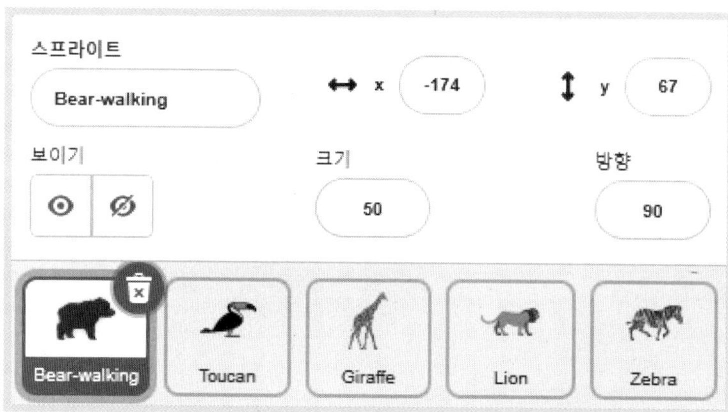

새

새의 크기는 80으로 바꾸고, 시작할 위치는 x : 137, y : 139로 정한다.

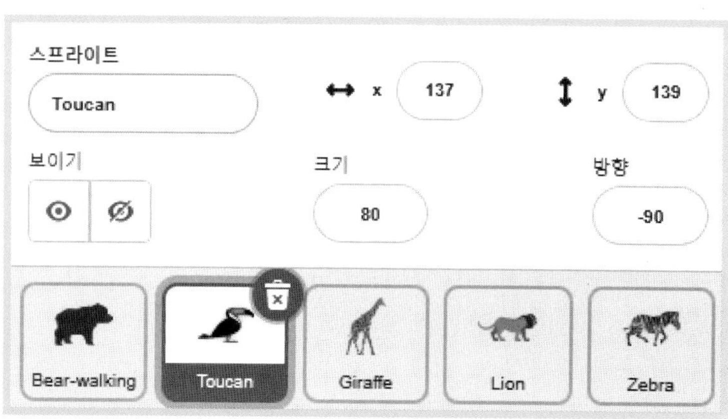

새는 보는 방향을 왼쪽으로 바꾸어야 한다.

방향에서 [왼쪽/오른쪽]으로 정한 후 방향값을 −90으로 하면 회전하지 않고 왼쪽을 보게 된다.

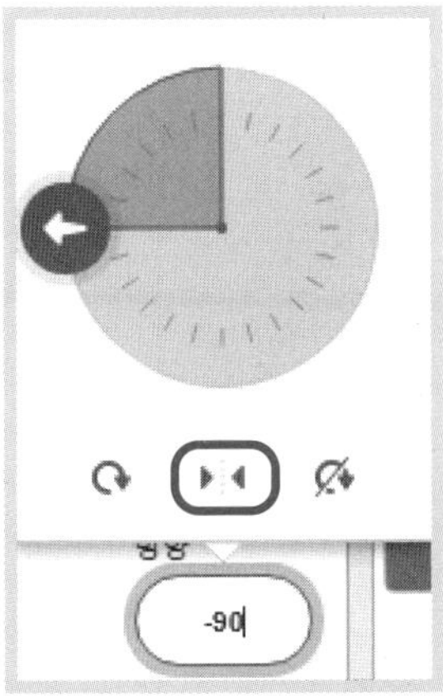

기린

기린의 크기는 70으로 바꾸고, 시작할 위치는 x : 199, y : −88로 정한다.

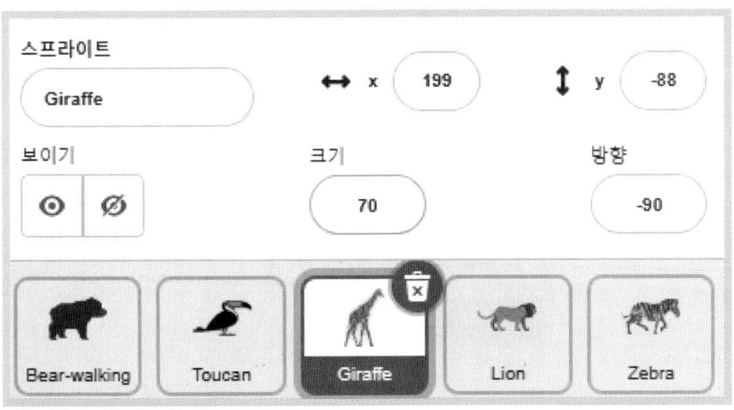

기린은 오른쪽에서 왼쪽으로 움직이도록 하기 위해 보는 방향을 왼쪽으로 바꾸어야 한다.

방향에서 [왼쪽/오른쪽]으로 정한 후 방향값을 −90으로 한다.

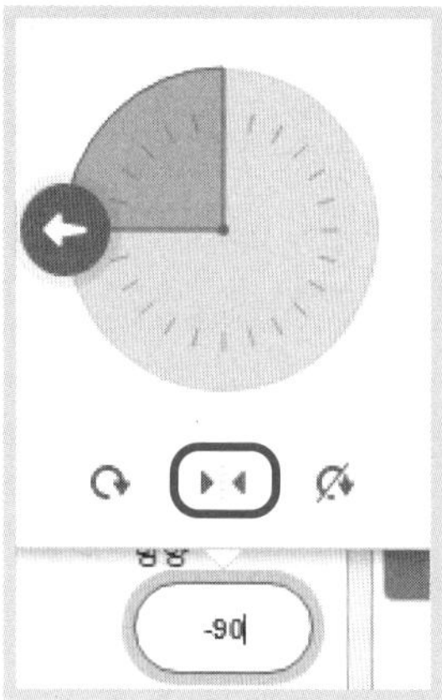

사자

사자의 크기는 변경하지 않고 처음 크기 100으로 한다.

사자의 처음 위치는 x : −238, y : −146으로 한다.

사자는 왼쪽에서 오른쪽으로 걸어가므로 방향을 바꿀 필요가 없다.

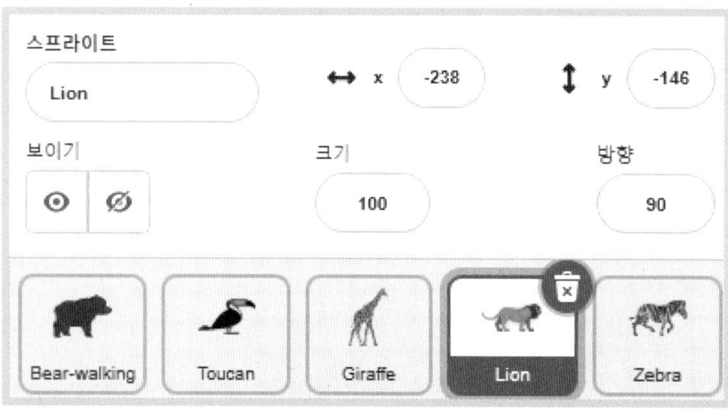

얼룩말

얼룩말의 크기는 70으로 변경한다.

얼룩말의 처음 위치는 x : 97, y : −58로 한다.

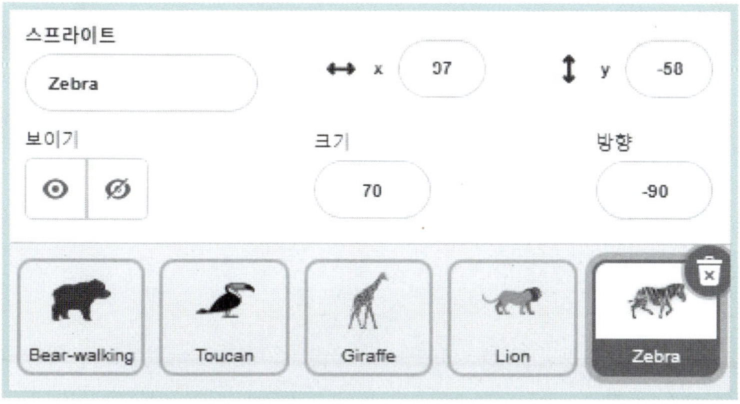

얼룩말도 오른쪽에서 왼쪽으로 걸어가야 하므로 보는 방향을 왼쪽으로 바꾸어야 한다. 방향에서 [왼쪽/오른쪽]으로 정한 후 방향값을 −90으로 한다.

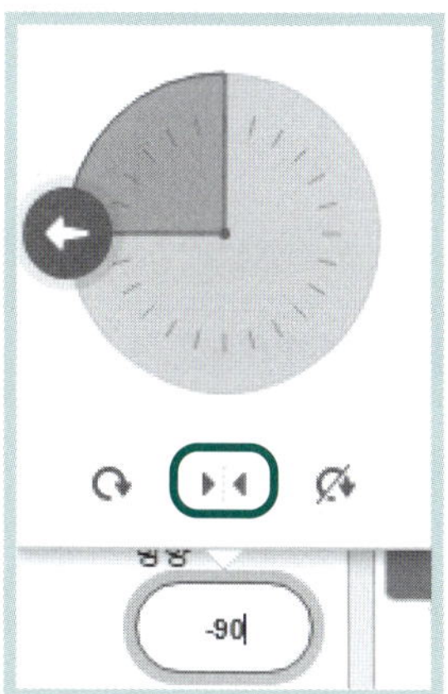

3) 배경 추가하기

[배경 고르기]에서 Woods And...를 선택한다.

배경 이미지 에디터에서 필요없는 이미지를 같은 색 사각형으로 감춘다. 채우기 색에서 스포이드로 주변 색을 클릭한 후 사각형을 그리면 필요 없는 이미지가 감추어진다.

4) 동물 움직이기

곰

게임이 시작될 때 처음의 위치로 이동하도록 한다.

10초 동안 정해진 위치(48, −28)로 이동하도록 한다.

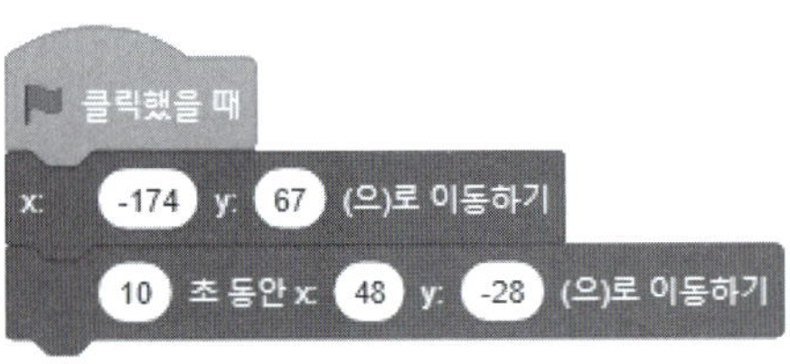

곰은 모두 8가지 걷는 모양을 가지고 있다.

걷는 모양을 만들기 위해 [다음 모양으로 바꾸기] 블록을 무한 반복시킨다.

그렇게 되면 곰의 8가지 모양이 0.3초 딜레이 타임을 간격으로 차례대로 바뀐다.

기린

게임이 시작될 때 처음의 위치로 이동하도록 한다.

10초 동안 정해진 위치(−238, −146)로 이동하도록 한다.

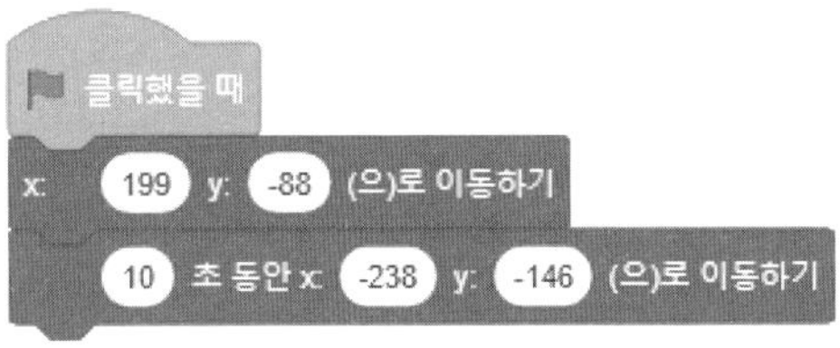

걷는 모양을 만들기 위해 [다음 모양으로 바꾸기] 블록을 무한 반복시킨다.

걷는 모양의 코딩은 모든 동물이 똑같기 때문에 복사해서 다른 스프라이트에서도 사용하면 된다.

사자

게임이 시작될 때 처음의 위치로 이동하도록 한다.

10초 동안 정해진 위치(48, −28)로 이동하도록 한다.

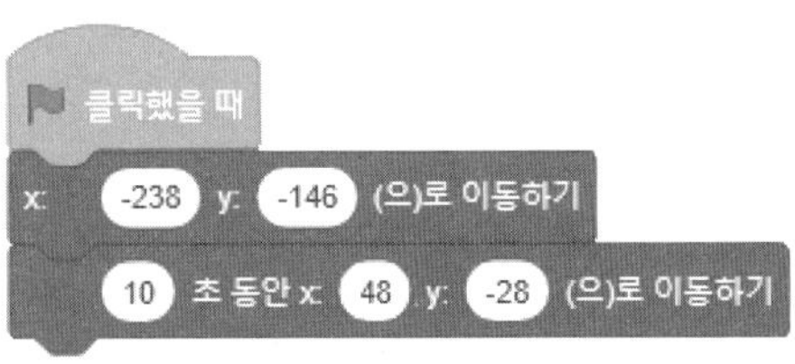

걷는 모양을 만들기 위해 [다음 모양으로 바꾸기] 블록을 무한 반복시킨다.

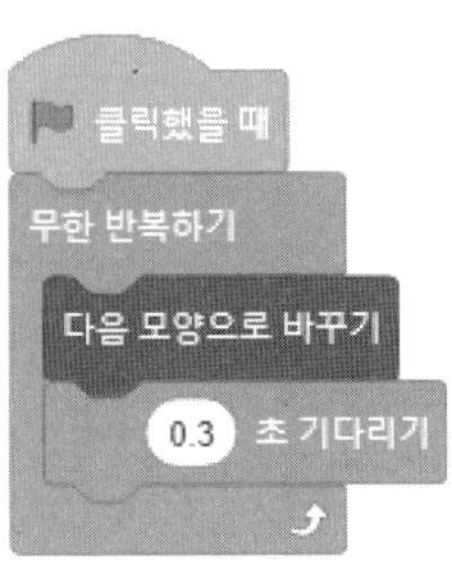

얼룩말

게임이 시작될 때 처음의 위치로 이동하도록 한다.

10초 동안 정해진 위치(−174, 67)로 이동하도록 한다.

걷는 모양을 만들기 위해 [다음 모양으로 바꾸기] 블록을 무한 반복시킨다.

새

새는 위치 이동은 하지 않지만 역동적인 화면을 위해 제자리에서 날갯짓을 하도록 하기 위해서 [모양 바꾸기] 블록을 사용한다.

새는 ‘Squawk’ 소리를 재생시키도록 [소리] 블록에서 [(Squawk) 재생하기] 블록을 추가한다.

5) 소리 삽입하기

스크래치 프로그램에는 [소리 고르기]에서 다양한 소리들을 사용할 수 있도록 저장되어 있다.

[소리] 탭을 클릭한 후 [소리 고르기]를 선택한다.

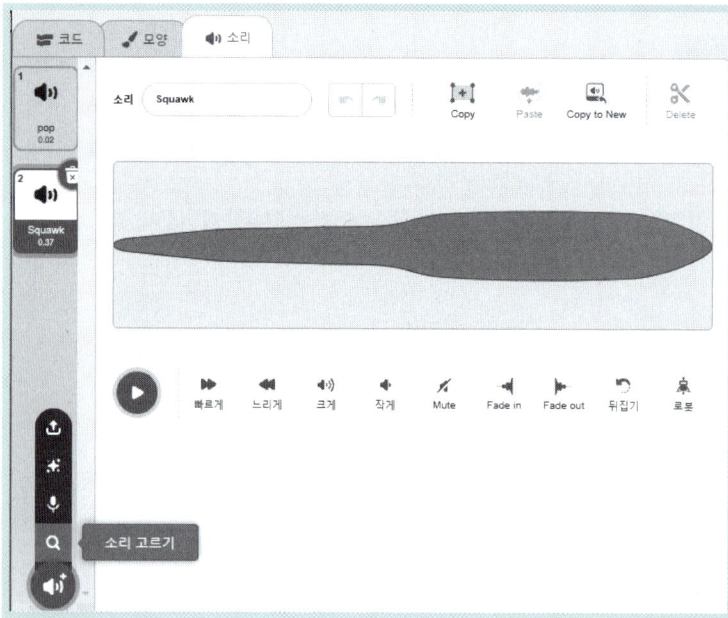

스크래치 프로그램에서 제공한 여러 가지 소리를 선택해서 사용한다.

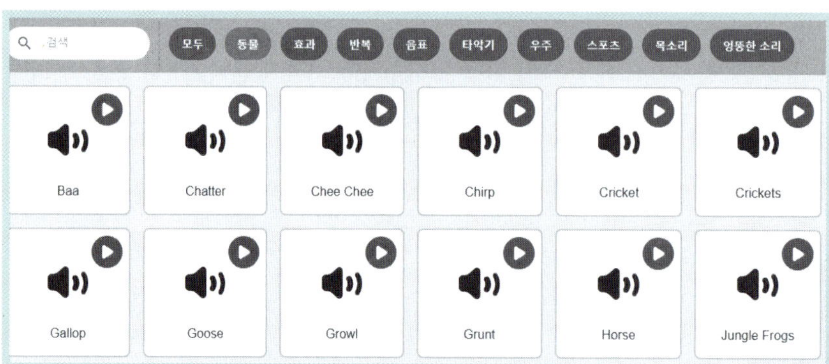

소리를 삽입한 후 '소리 에디터'에서 볼륨, 페이드인 페이드아웃, 복사, 잘라내기 등의 편집을 할 수 있다.

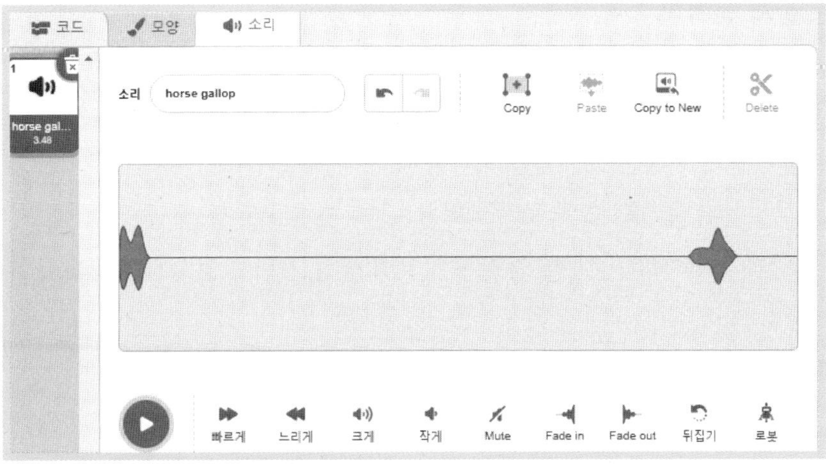

소리도 스프라이트나 배경처럼 [소리 고르기], [녹음하기], [서프라이즈], [소리 업로드하기] 등의 방식으로 다양하게 활용할 수 있다. 스크래치에서 제공하는 소리 외에도 [소리 업로드하기]를 선택하면 내가 만든 소리를 스크래치로 가져와 사용할 수 있다.

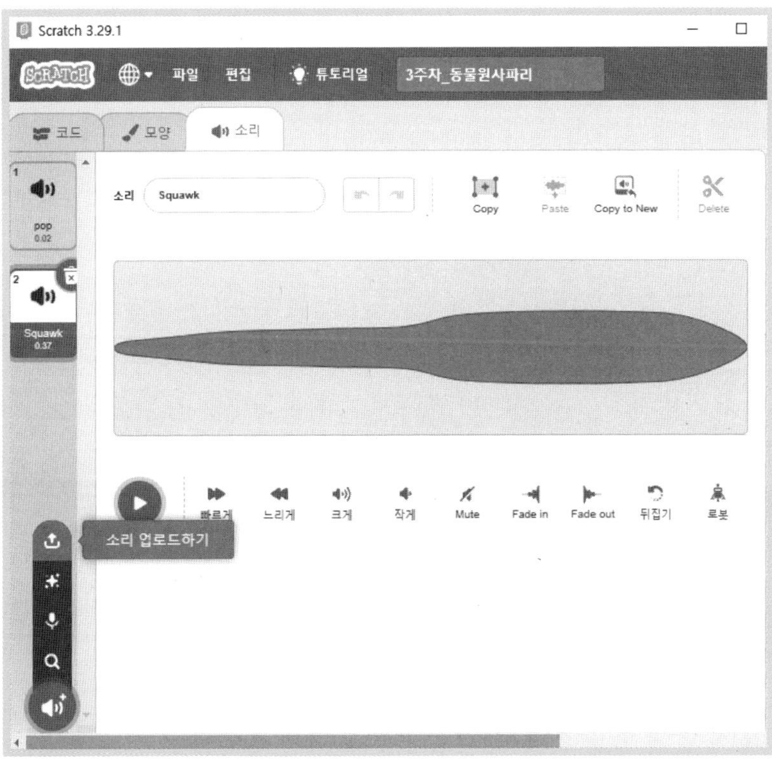

6) 겹쳐 보이는 순서 정하기

게임을 제작해보면 어떤 스프라이트를 먼저 추가했는가에 따라 겹쳐 보이는 순서가 각각 다를 수 있다. 매번 [무대]에서 스프라이트를 클릭할 때마다 마지막에 클릭한 스프라이트가 제일 앞쪽에 놓이게 되기 때문에 게임을 시작할 때에는 항상 원하는 순서대로 스프라이트가 보이도록 코딩으로 순서를 정해 놓아야 한다.

본 게임에서는 기린과 사자가 걸어갈 때 겹쳐 보이는데 항상 기린이 앞으로 나오도록 수정한다.

기린 스프라이트를 선택한 후 [맨 (앞쪽)으로 순서 바꾸기] 블록을 넣어준다.

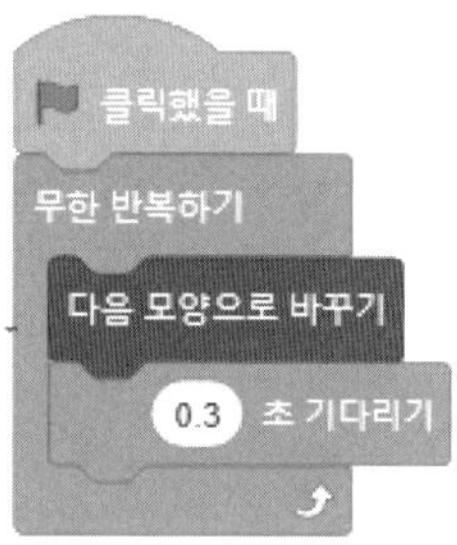

얼룩말과 곰이 지나갈 때에도 얼룩말이 맨 앞으로 보이도록 위의 코딩을 얼룩말에게도 똑같이 한다.

3. 연산 블록의 이해

1) 연산 블록의 종류

2) 연산 블록의 활용

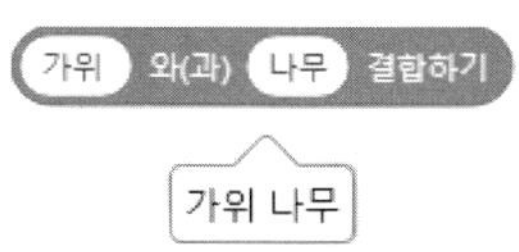

첫 번째 문자와 두 번째 문자를 연결한다.

결합할 때 반드시 문자가 아니어도 둥근 원형 블록과 결합할 수도 있다.

x좌표 : −132, y좌표 : 70을 결합하여 ‘−13270’의 결과값을 출력한다. 계속 − 값이 잘 안 나오고 빈 스페이스로 나옵니다.

입력한 단어의 n번째 문자를 알려준다.

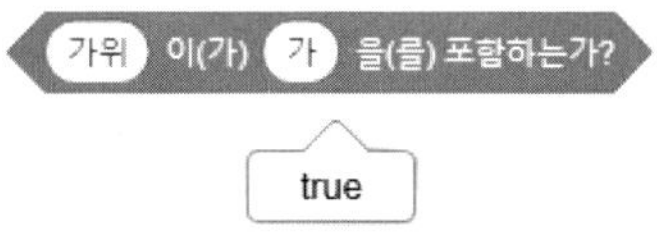

입력한 단어 안에 특정 문자를 포함하는가의 조건을 따져 결과값을 true, false 등으로 알려준다.

예제 1

"너는 무슨 색깔을 좋아하니? 라고 묻고,

대답을 들은 후

"너는 보라색을 좋아하는구나"라고 말한다.

질문은 감지 블록의 [( )라고 묻고 기다리기] 블록을 사용한다.

[( )라고 묻고 기다리기] 블록은 자동으로 대답할 수 있는 창이 생성된다.

사용자가 대답을 적으면 대답 내용이 [대답] 블록에 저장된다.

결합하기 블록을 2개 사용하여 처음 결합하기 블록에는 "너는"과 (대답)을 결합시킨다.

결합된 첫 번째 블록을 두 번째 결합하기 블록의 첫 번째 빈칸에 결합시킨다.

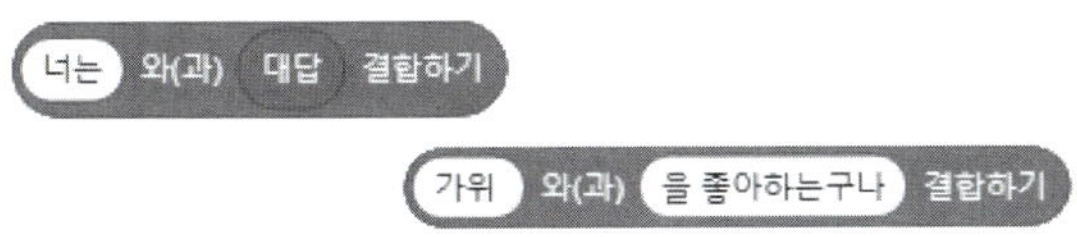

4. 아날로그 시계 만들기

1) 시계 바늘 스프라이트 그리기

[스프라이트 그리기]에서 비트맵 모드로 바꾸고 직사각형 도구를 이용한다.

긴 막대 모양으로 길이를 달리하여 그리고 각 스프라이트의 이름을 초침, 분침, 시침으로 바꾼다.

막대 끝을 중심으로 회전을 해야 하므로 이미지의 중심점과 막대 끝을 일치시켜야 한다.

시침

분침

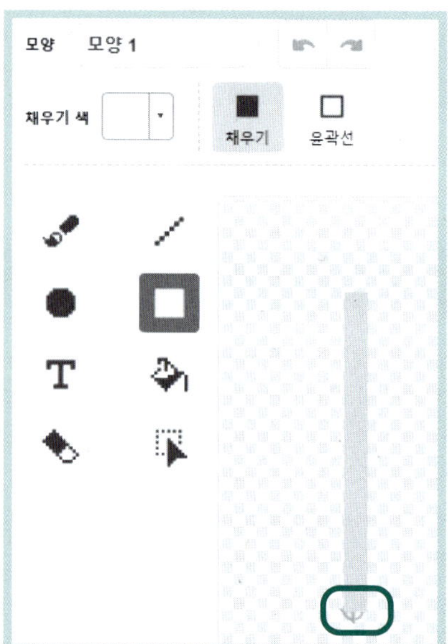

초침

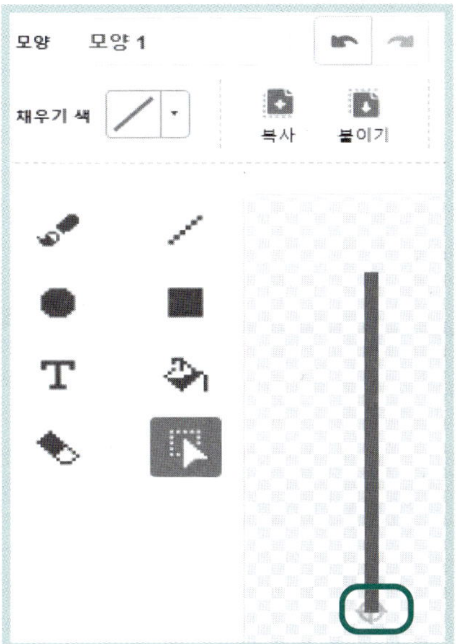

2) 초침 움직이기

초침은 원을 한바퀴 도는데 60초가 걸리므로 총 360도를 60초로 나누어 회전한다(6도/초당).

초침이 항상 12에서부터 각도만큼 회전해야 하므로 90도 방향 보기를 사용해야 한다.

현재 시각의 초침은 [(90 +현재 초*6) 각도 방향 보기]가 되어야 한다.

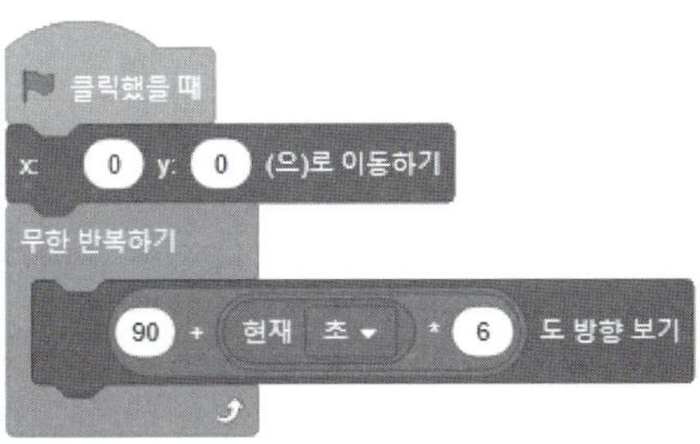

3) 분침 움직이기

분침은 총 360도를 60분으로 나누어 회전한다(6도/분).

분침이 항상 12에서부터 각도만큼 회전해야 하므로 90도 방향 보기를 사용해야 한다.

현재 시각의 분침은 [(90 +현재 분*6) 각도 방향 보기]가 되어야 한다.

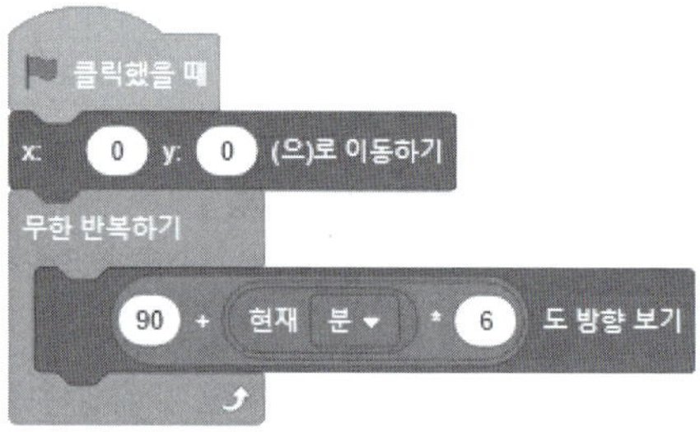

4) 시침 움직이기

시침은 총 360도를 12시간으로 나누어 회전한다(30도/시).

시침은 30도를 분 수만큼 더 회전한다.

시침이 항상 12에서부터 각도만큼 회전해야 하므로 90도 방향 보기를 사용해야 한다.

현재 시각의 시침은 [(90 +현재 시*30 + 현재 분 *0.5) 각도 방향 보기]가 되어야 한다.

5) 디지털 시각 말하기

frog 스프라이트를 추가한 후 frog가 시각을 말하도록 코딩한다.

디지털 시계는 "21 : 22 : 09" 형태로 말한다.

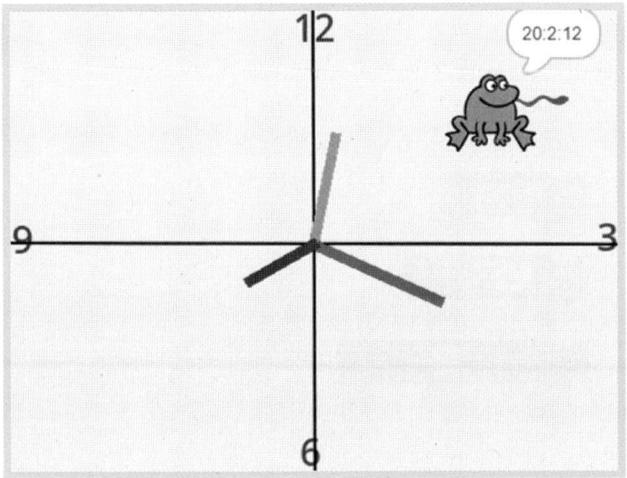
12
20:2:12
9
3
6

학습정리

형태 블록

모양을 모양 2 ▾ (으)로 바꾸기

다음 모양으로 바꾸기

크기를 10 만큼 바꾸기

크기를 100 %로 정하기

맨 앞쪽 ▾ 으로 순서 바꾸기

앞으로 ▾ 1 단계 보내기

연산 블록

( ) + ( )

( ) 나누기 ( ) 의 나머지

가위 와(과) 나무 결합하기

< > 그리고 < >

아날로그 시계 블록 요약

시침

90 + 현재 시 ▾ * 30 + 현재 분 ▾ * 0.5 도 방향 보기

분침

90 + 현재 분 ▾ * 6 도 방향 보기

초침

90 + 현재 초 ▾ * 6 도 방향 보기

연습문제

1. 아래 보기 중 스크래치 프로그래밍의 블록 사용법에 대한 설명이 틀린 것은 무엇인가?

① 형태 블록에 있는 [모양 바꾸기] 블록을 사용하려면 스프라이트의 모양이 반드시 두 개 이상이 있어야 한다.

② 형태 블록으로 색상을 변경할 때는 rgb 색상 번호를 이용한다.

③ 

이 블록은 두 조건이 모두 참일 때에만 '참' 값을 반환한다.

④ 

이 블록의 결과값은 '가위나무'이다.

2. 아래 예시 블록은 아날로그 시계 제작에 필요한 블록이다. 설명이 바르지 못한 것은 무엇인가?

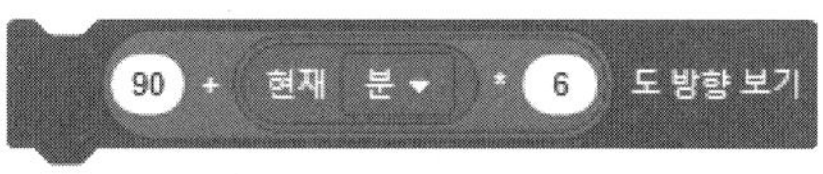

① 예시 블록은 초침을 만드는 블록이다.

② 예시 블록은 분침을 만드는 블록이다.

③ '90'은 스프라이트의 초기 값으로 값으로 똑바로 12를 보도록 하기 위함이다.

④ 6이란 숫자는 이 스프라이트가 한 번 움직일 때 도는 각도이다.

3. 아래 이미지와 같이 스프라이트의 방향을 '왼쪽/오른쪽'으로 지정하였다. 설명이 맞는 것은 무엇인가?

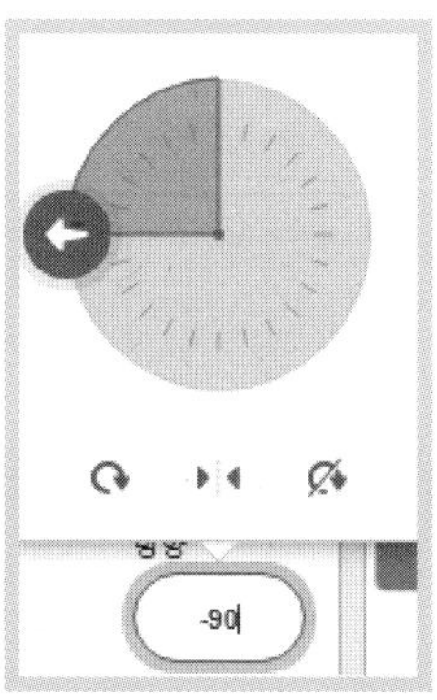

① 스프라이트가 90도 회전한다.

② 스프라이트가 270도 회전한다.

③ 스프라이트는 왼쪽을 본다.

④ 스프라이트는 아무런 변화가 없다.

4. 아날로그 시계를 만들기 위한 분침의 블록으로 빈칸에 알맞은 코드는 무엇인가?

① 80, 6

② 180, 30

③ 90, 6

④ 90, 30

5. 다음 블록의 결과값은 무엇인가?

6. 스프라이트를 클릭했을 때 색깔이 바뀌도록 하기 위한 코딩이 바르게 된 것은 무엇인가?

①

②

③

④

7. 왼쪽의 이미지가 오른쪽의 이미지로 변했다면 어떤 블록이 적용되었겠는가?

① 어안 렌즈 ▾ 효과를 (200) 만큼 바꾸기

② 소용돌이 ▾ 효과를 (20) 만큼 바꾸기

③ 픽셀화 ▾ 효과를 (20) 만큼 바꾸기

④ 모자이크 ▾ 효과를 (20) 만큼 바꾸기

정답 1. ② 2. ① 3. ③ 4. ③ 5. 14아날로그2 6. ② 7. ①

CHAPTER 04

C 언어 기본 프로그램

학습목차

1. C 언어 기본 프로그램 분석
2. Dev C++ 설치 및 실행
3. 서식 문자 이해하기
4. if 문 이해하기

학습목표

- C 언어 기본 프로그램에 대해 설명할 수 있다.
- Dev C++을 이용해 기본 프로그램을 실행할 수 있다.
- %c, %5.2f의 의미에 대해 설명할 수 있다.

1. C 언어 기본 프로그램의 이해

```
#include <stdio.h>

main( )
{
      printf("재미있는 프로그래밍 \n ") ;
}
```

#은 전처리기(preprocessor)로 프로그램을 실행하기 전에 필요한 준비를 하는 프로그램으로 주로 # include와 같이 사용하여 헤더 파일을 포함하게 된다. 이것을 그림으로 표현하면 다음과 같다.

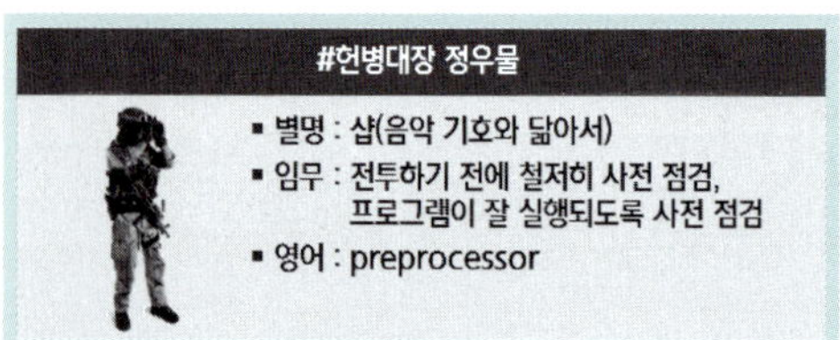

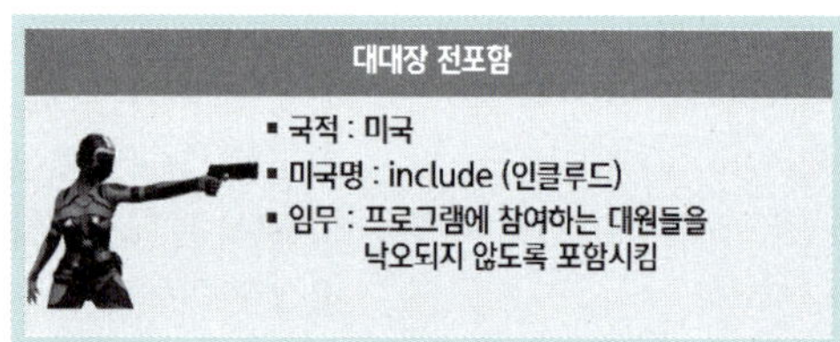

stdio.h는 데이터를 입력받거나 출력하는 기본적인 함수들이 들어있는 기본 헤더 파일이다.

include <stdio.h>는 이 위치에 stdio.h라는 파일을 포함시키라는 의미이다. 기본 프로그램에서 사용하고 있는 printf( ) 함수를 사용하려면 stdio.h 파일이 포함되어 있어야 한다.

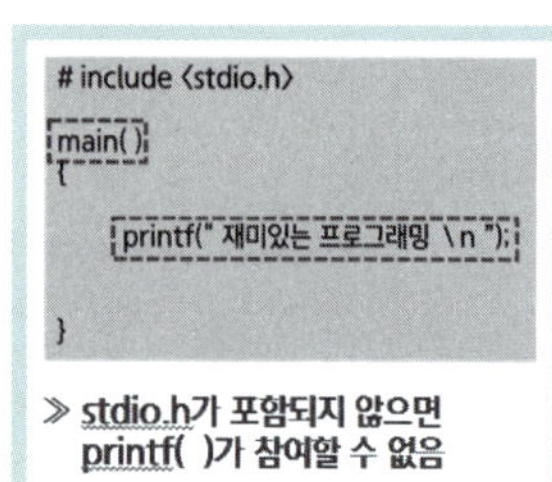

main( ) 함수는 프로그램 작성할 때 함수들을 실행하기 위한 첫 번째 시작 함수이다. 모든 프로그램에는 단 하나의 main( ) 함수만 있어야 한다.

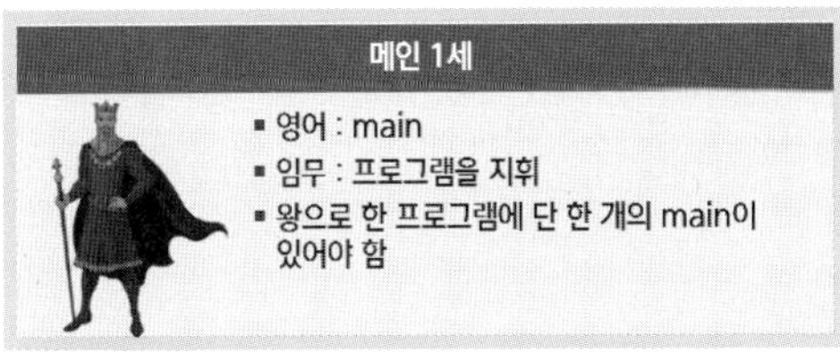

printf( ) 함수는 " " 안의 문자열을 화면에 출력하는 함수이다. stdio.h 헤더 파일에 정의되어 있기 때문에 printf( ) 함수를 사용하려면 사전에 stdio.h 헤더 파일을 포함(include)시켜야 한다.

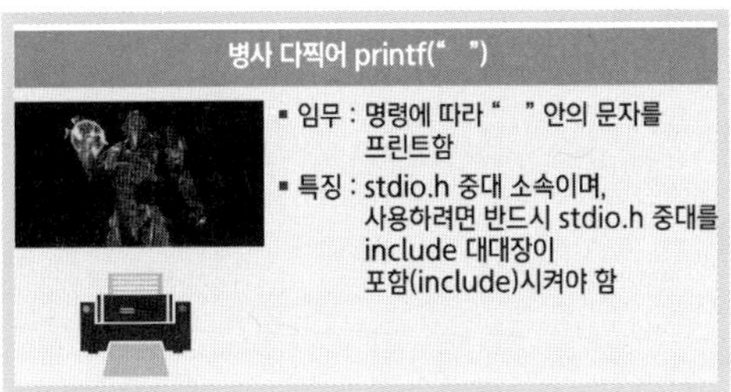

프로그램의 시작과 끝은 중괄호로 해야만 한다. 시작은 { 로 끝은 }로 해야만 한다.

함수의 끝은 반드시 세미콜론 (;)이 있어야 한다. 함수의 끝을 표시하는 세미콜론 (;)이 없으면 오류가 발생한다. 초보자들이 가장 많이 혼동하는 경우가 세미콜론 대신에 콜론 (:)을 입력하는 경우가 많다.

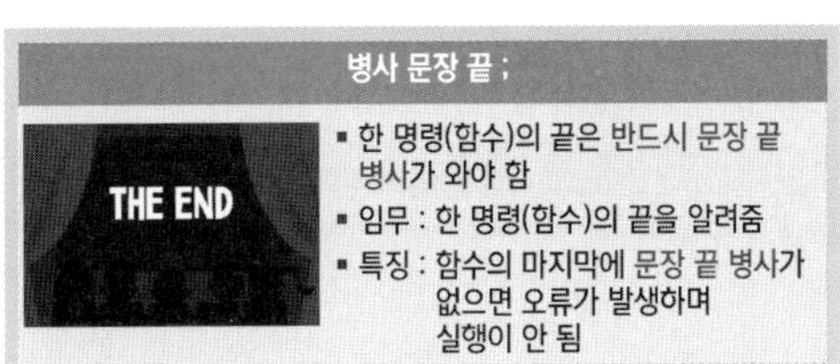

\n은 new line을 의미한다. 새로운 줄을 의미하고 문서 작성 시 <Enter>을 입력한 것과 같다.

C 언어 기본 프로그램을 이해하고 암기하기 쉽게 그림으로 표현하면 다음과 같다.

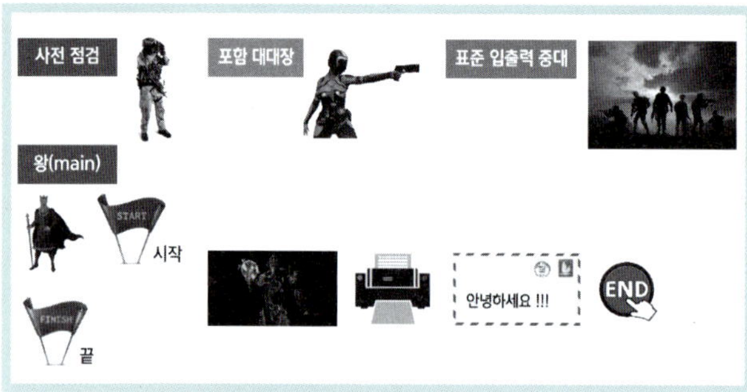

2. Dev C++ 설치 및 실행하기

Dev C++은 무료 프로그램으로 google에서 Dev C++ 다운로드를 입력하면 쉽게 검색하고 다운받을 수 있다. 프로그램을 인스톨하기 위해 다운받은 파일을 더블 클릭한 후 순서는 다음과 같다.

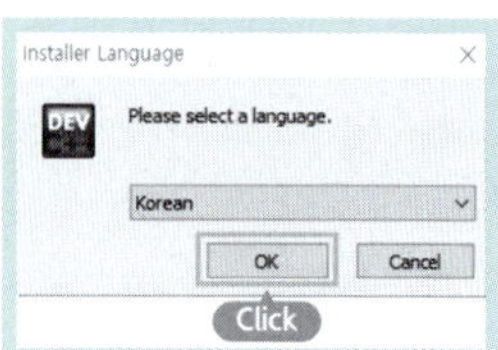

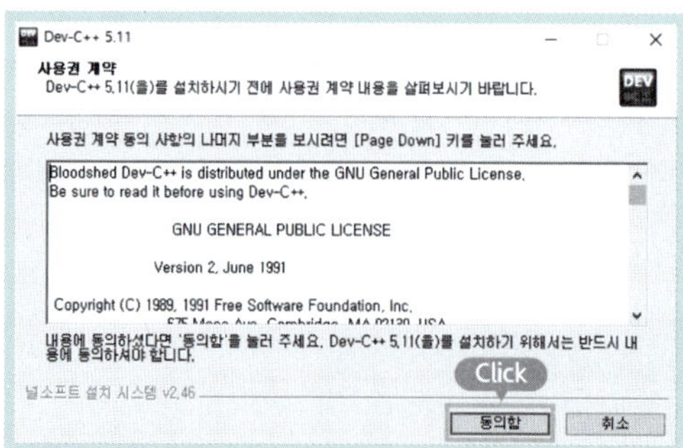

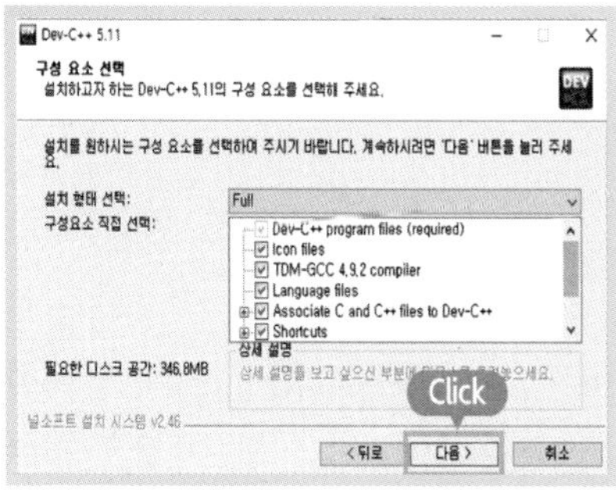

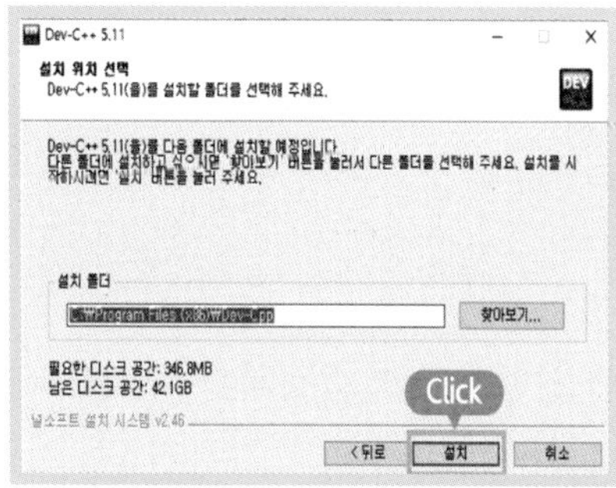

별다른 옵션이 없이 잘 설치된다. 바탕화면에 있는 아이콘 을 더블 클릭해서 실행한다. 기본 프로그램을 만들기 위해 파일-새로 만들기-소스 파일을 차례로 선택한다.

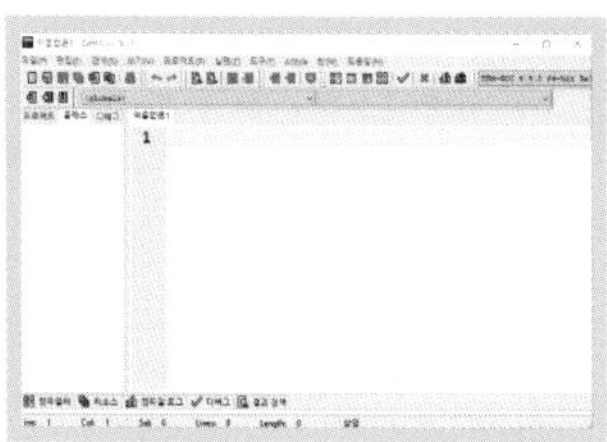

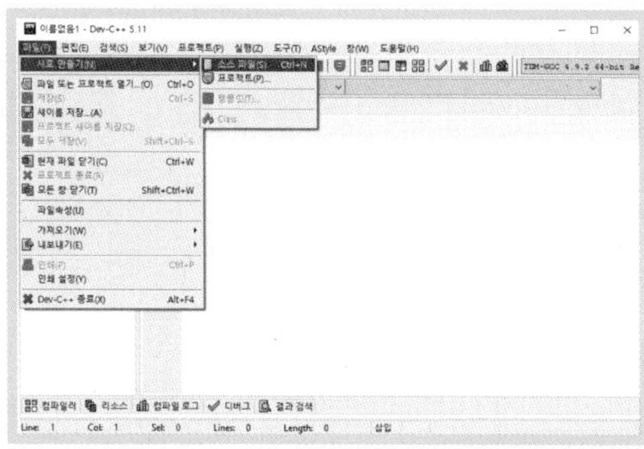

기본 프로그램을 입력한 후에 실행-컴파일 후 실행을 차례로 클릭한다. 파일이름을 저장하는 화면이 나오면 적당한 이름을 입력하면 된다. 이름은 test 파일 형식은 콤보를 열어 C source files (*.c)로 한다. main( ) 앞에 있는 int는 정수를 의미하고 return 0;는 프로그램이 오류 없이 끝났다는 것을 운영체제에 알려주는 것이다. 여기서는 간단히 알아두고 넘어가기로 한다. 화면에 재미있는 프로그래밍이 출력되는 것을 알 수 있다.

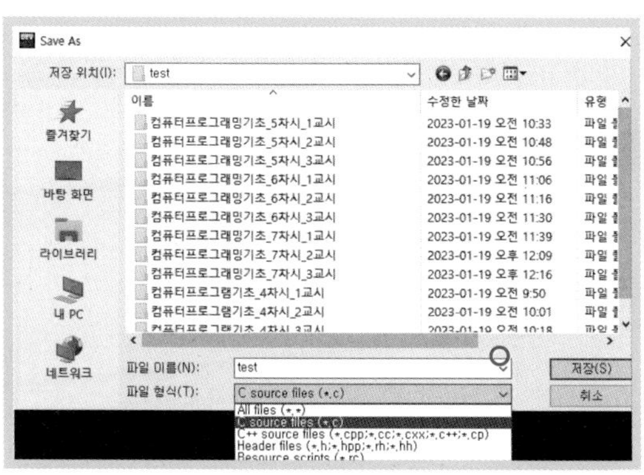

[결과 보기]

```
재미있는 프로그래밍
```

다음 두 프로그램을 입력해 보고 결과를 비교해 보자. \n은 new line으로 <Enter>를 입력한 것과 동일한 결과를 나타낸다. 가끔 갑자기 \가 ₩로 바뀐 것을 볼 수 있는데, 이것은 폰트에 따라 특히 한글 폰트를 사용할 때 발생하는 현상으로 프로그램을 실행할 때에는 지장이 없다.

```
#include <stdio.h>

main( )
{
      printf("안녕하세요.") ;
      printf("방가 방가 !!!") ;

return 0 ;
}
```

[결과 보기]

```
안녕하세요.방가 방가 !!!
```

```
#include <stdio.h>

main( )
{
      printf("안녕하세요.\n") ;
      printf("방가 방가 !!!\n") ;

return 0 ;
}
```

[결과 보기]

```
안녕하세요.
방가 방가 !!!
```

\t 는 tab을 입력한 것과 같은 결과를 출력한다.

```
#include <stdio.h>

main( )
{
      printf("안녕하세요.\t") ;
      printf("방가 방가 !!!\n") ;

      return 0 ;
}
```

\n	\t
newline	tab

[결과 보기]

```
안녕하세요.	방가 방가 !!!
```

3. 서식 문자 이해하기

%d, %c, %5.2f

```
#include <stdio.h>

main( )
{
      int grade = 3 ;
      printf("구구단은 %d 학년 때 외워요.\n",grade) ;

      return 0 ;
}
```

int	%d
정수형 변수	int

[결과 보기]

```
구구단은 3 학년 때 외워요.
```

int grade = 3 ; 에서 grade는 변수(variable)이다. 변수는 메모리에 데이터를 저장할 수 있는 그릇이다. 실수 변수와 정수 변수, 문자 변수 등은 크기가 다르기 때문에 변수 형태에 맞는 크기의 메모리 용량이 필요하다. int grade = 3 ; 에서 = 는 수학에서 같다는 의미가 아니라 대입하라는 대입 연산자이다. 다시 말하면, 정수가 들어갈 수 있는 변수 grade를 만들고 그 안에 3을 대입해 넣으라는 것이다.

%d는 서식 문자로 출력할 데이터의 형태를 지정해 주는 문자로 부호가 있는 정수를 의미한다.

```
printf("구 구 단 은  %d학 년 때  외 워 요 .\n",grade) ;
```

부호가 있는 정수로 출력 grade에는 3이 입력되어 있음

다음 프로그램을 입력하고 실행해 보자.

```
# include <stdio.h>

int main()
{

     int grade = 3 ;
     char Letter = 'Y'; //char는 문자형
     double cost = 34.567 ; //double은 실수형

     printf("구구단은 %d학년때 외워요.\n", grade) ;
     printf("좋아하는 알파벳은 %c 입니다.\n", Letter)
;
     printf("용돈은 달러로 %5.2f입니다.\n",cost) ;

     return 0 ;
}
```

변수

데이터를 담는 그릇

= 대입 연산자

오른쪽 데이터를 왼쪽 변수에 대입

한 문자 입력

한 문자는 ' ' 안에 넣음

// 는 한 줄 주석문으로 프로그램의 실행에는 전혀 영향을 주지 않는다. 프로그램을 설명하는 데 사용한다. 주석문을 적절히 기록해야 나중에 프로그램을 분석하고 이해하는 데 도움이 된다.

char Letter = 'Y' ; 는 문자가 입력될 Letter라는 변수를 만들고 Y를 대입하라는 것인데 여기서 꼭 암기해야 할 것이 문자는 홑따옴표 (' ')를 사용해야 한다는 것이다.

double cost = 34.567 ; 는 실수 데이터가 입력될 cost라는 변수를 만들고 34.567을 대입하라는 것이다.

%5.2f 에서 f는 10진수 정수를 의미하고 5.2는 총 5자리 중에서 소숫점 이하 2자리로 출력하라는 서식 문자이다.

변수에 따라 메모리의 크기가 다르고 표현할 수 있는 범위가 다르다는 것을 이해해야 한다. char형 1비트, int형 4비트, double형 8비트는 꼭 암기하도록 하자.

타입	크기	범위
char	1 byte	-128 ~ 127
int	4 byte	-2,147,483,648 ~ 2,147,483,647
double	8 byte	$2.225074 \times 10^{-308}$ ~ 1.797693×10^{308}

프로그램과 실행 결과를 확인해 보면 34.567이 반올림되어 34.57이 된 것을 확인할 수 있다.

[결과 보기]

```
구구단은 3학년때 외워요.
좋아하는 알파벳은 Y 입니다.
용돈은 달러로 34.57입니다.
```

4. if문 이해하기

시험 성적이 95 이상이면 A+입니다를 출력하려면 어떻게 해야 할까? 먼저 말로 해보면 만약에 점수가 95점 이상이면 A+를 출력하라고 프로그램을 만들면 될 것 같다. 이를 C 언어로 만들면 다음과 같다.

```
if(조건식) {
      실행문 ;
}
```

이상이다는 (>=)이다. 실행문은 printf("A+입니다.") ; 이것을 활용해서 프로그램하면 다음과 같다.

```
# include <stdio.h>

int main()
{

      int score = 96 ;

      if(score >=95) {
            printf("A+입니다.\n") ;
      }

      return 0 ;
}
```

[결과 보기]

```
A+입니다.
```

socre라는 정수형 변수에 96을 대입하고 score 값이 95보다 크거나 같으면 (이상이면) A+를 출력하는 프로그램이다. 이 프로그램에서 score = 92 ; 로 변경한 경우 출력은 어떻게 될까?

```
# include <stdio.h>

int main()
{

      int score = 92 ;

      if(score >=95) {
            printf("A+입니다.\n") ;
      }

      return 0 ;
}
```

프로그램을 실행해 보니 아무 것도 실행되지 않는다. score가 95 이상이면 A+입니다를 출력하라고 했지만 score가 95보다 작을 경우에 아무런 실행 명령이 없기 때문에 아무것도 실행되지 않는 것이다. 이런 경우에는 if .... else if ... 가 있다.

```
if(조건식1) {
      실행문 1 ;
}

else if (조건식) {
      실행문 2 ;
}
```

다음 프로그램을 실행시켜 보자. 조건식에 걸린 실행 코드가 한 줄인 경우에는 중괄호를 생략할 수 있다. 그러나 중괄호를 잘못 생략한 경우에는 프로그램에 동작 오류가 발생할 수 있으므로 가급적 사용하지 않는 것이 좋다.

```
# include <stdio.h>

int main()
{

      int score = 92 ;

      if(score >=95) {
            printf("A+입니다.\n") ;
      }

      else if(score >= 90)
            printf("A입니다.") ;

    return 0 ;
}
```

→ 실행 코드가 한 줄이면 중괄호 생략 가능

[결과 보기]

```
A입니다.
```

95점 이상인 경우 A+입니다.를 출력하고 90점 이상인 경우 A입니다.를 출력하고 그 외에는 B입니다.를 출력하려면 다음과 같이 if ....else if.....else문을 사용한다. 포함 관계를 그려보면 다음과 같다.

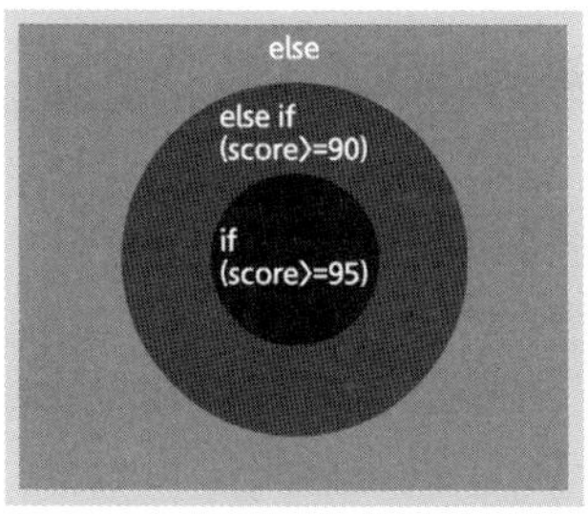

다음 프로그램을 실행해 보면 프로그램이 이런 것이구나 하는 것을 살짝 느껴볼 수 있다.

```
# include <stdio.h>

int main()
{
      int score = 30 ;

      if(score >=95) {
            printf("A+입니다.\n") ;
      }

      else if(score >= 90)
            printf("A입니다.") ;

      else
            printf("B입니다.") ;

      return 0 ;
}
```

[결과 보기]

```
B입니다.
```

중괄호를 잘못 생략한 경우를 보기 위해 다음 프로그램을 실행시켜 본다. 여기서 == 는 비교 연산자로 왼쪽 변수가 오른쪽 데이터가 같은 경우에 참인 연산자이다. 많은 경우 = 와 ==를 혼동해서 프로그램의 오류를 발생시킨다.

```
# include <stdio.h>

int main()
{
      int num = 5 ;

      if(num == 10)
            printf("당첨입니다.\n") ;
            printf("10입니다.\n") ;

      return 0 ;
}
```

주의 : 중괄호가 없으면 한 문장만 실행됨

=	==
대입 연산자	비교 연산자

[결과 보기]

```
10입니다.
```

프로그램을 분석해 보면 num에는 5가 입력되어 있다. 만약에 num이 10이면 당첨입니다. 10입니다를 출력하는 프로그램을 만들려고 했는데 중괄호가 없어서 num이 10이면 당첨입니다.만 출력하게 프로그램되었다. 즉, num에는 5가 입력되어 있고 num이 10이면 당첨입니다를 출력하게 되어 있는데 num이 10이 아니므로 당첨입니다를 출력하지 않고 10입니다를 출력하게 된 것이다.

중괄호를 제대로 쓰고 num = 10으로 해서 다시 프로그램을 실행해 보면 다음과 같다.

```
# include <stdio.h>

int main()
{
      int num = 10 ;

      if(num == 10) {

            printf("당첨입니다.\n") ;
            printf("10입니다.\n") ;
      }

      return 0 ;
}
```

주의 : 중괄호가 없으면 한 문장만 실행됨

[결과 보기]

```
당첨입니다.
10입니다.
```

if ... else...를 사용해서 프로그램을 마무리하기로 한다.

```
# include <stdio.h>

int main()
{
      int num = 5 ;

      if(num == 10) {

            printf("당첨입니다.\n") ;
            printf("10입니다.\n") ;
      }

      else printf("꽝입니다.") ;

      return 0 ;
}
```

[결과 보기]

```
꽝입니다.
```

학습정리

1. C 언어 기본 프로그램을 이야기로 설명해 본다.

2. Dev C++을 설치하고 실행한다.

3. 기본 프로그램을 작성하고 실행한다.

```
# include <stdio.h>

int main()
{
      int grade = 3 ;
      char Letter = 'Y'; //char는 문자형
      double cost = 34.567 ; //double은 실수형

      printf("구구단은 %d학년 때 외워요.\n", grade) ;
      printf("좋아하는 알파벳은 %c 입니다.\n", Letter) ;
      printf("용돈은 달러로 %5.2f입니다.\n",cost) ;

      return 0 ;
}
```

연습문제

1. 다음 중 printf( ) 함수를 사용하기 위한 헤더 파일은 무엇인가?

   ① stdio.h ② stdoi.h

   ③ sdtio.h ④ print.h

2. 다음 중 안녕하세요를 출력하는 것으로 옳은 것은?

   ① printf(' 안녕하세요\n') ② printf("안녕하세요\n") ;

   ③ printf(안녕하세요\n) ; ④ printf("안녕하세요\n")

3. 다음 중 부호가 있는 10진 정수를 출력할 때 사용하는 서식 지정자로 올바른 것은?

   ① %f ② %c

   ③ %s ④ %d

4. C 언어로 만든 프로그램 중에서 가장 먼저 실행되는 함수는?

   ① # ② include( )

   ③ main( ) ④ printf( )

5. 다음 프로그램의 실행 결과로 옳은 것은?

```
#include <stdio.h>
int main()
{
  printf("%5.2f\n",28.362) ;
}
```

   ① 28.36 ② 28.362

   ③ 28.37 ④ 28.3620

6. 다음 프로그램의 실행 결과로 옳은 것은?

```
#include <stdio.h>
int main()
{
   int num = 3 ;
   if(num == 5 )
       printf("한양") ;
       printf("컴공") ;
       return 0 ;
}
```

① 한양컴공　　② 한양
③ 컴공　　④ 한양
컴공

7. 다음 프로그램의 실행 결과로 옳은 것은?

```
# include <stdio.h>
int main()
{
   int score = 75 ;
   if(score >=95)        printf("서울") ;
   else if(score >= 90)   printf("부산") ;
   else if(score >= 80)   printf("제주") ;
   else     printf("광주") ;
   return 0 ;
}
```

① 서울　　② 부산
③ 제주　　④ 광주

8. 다음 설명 중 옳은 것은?
   ① char 형은 1비트, int 형은 4비트, double 형은 16비트이다.
   ② char 형은 1비트, int 형은 4비트, double 형은 8비트이다.
   ③ char 형은 1바이트, int 형은 4바이트, double 형은 8바이트이다.
   ④ char 형은 4비트, int 형은 4비트, double 형은 8비트이다

9. 다음 중 new line을 의미하는 것은?
   ① \n ② \t
   ③ \g ④ %n

10. 다음 프로그램의 실행 결과로 옳은 것은?

```
# include <stdio.h>
int main()
{
   int score = 90 ;
   if(score >=95)       printf("서울") ;
   else if(score >= 90)   printf("부산") ;
   else if(score >= 80)   printf("제주") ;
   else     printf("광주") ;
   return 0 ;
}
```

   ① 서울 ② 부산
   ③ 제주 ④ 광주

정답 1. ① 2. ② 3. ④ 4. ③ 5. ① 6. ③ 7. ④ 8. ③ 9. ① 10. ②

CHAPTER 05

printf( ) 함수와 서식 문자 이해하기

학습목차

1. printf("문자열") 사용하기
2. 서식 문자 %d, %g, %c
3. 변수와 메모리 이해
4. a와 b 데이터 바꾸기

학습목표

- 서식 문자 %d, %g, %c를 설명할 수 있다.
- 변수와 메모리에 대해 설명할 수 있다.
- a와 b의 데이터를 서로 바꿀 수 있다.

1. printf("문자열") 사용하기

문자열 " "

큰따옴표 "　" 안에 있는 문자들의 조합을 "　" 문자열이라고 한다.

즉, printf( ) 출력 함수는 큰 따옴표 안에 있는 문자열을 출력한다.

\n

new line을 의미하며 실질적으로 ENTER 키와 똑같은 역할을 한다.

\n은 개행 (new Line) 문자로 printf( ) 함수 어디에서나 사용할 수 있다.

다음 프로그램을 실행하고 그 결과를 확인해 보기로 한다.

```
# include <stdio.h>

int main( )
{
      printf("Hello!") ;
      printf("He\nll\no!") ;
      printf("Hello!") ;

      return 0 ;
}
```

[결과 보기]

```
Hello!He
ll
o!Hello!
```

문자열 100 출력하기

printf("100\n"); 과 printf("5.5\n");은 문자열을 그대로 출력하게 된다.

▪ 문자열 100을 출력함

2. 서식 문자 %d, %g, %c

서식 문자를 사용하면 다양한 타입으로 출력이 가능하다.

서식 문자(Conversion Specifier) %d

10진 정수를 문자열로 변환한 후 출력한다.

서식 문자(Conversion Specifier) %g

10진 실수를 문자열로 변환한 후 출력한다.

다음 프로그램을 실행한 후 서식 문자에 대해 알아보기로 한다.

```
# include <stdio.h>

int main( )
{
      printf("100\n") ;
      printf("5.5\n") ;
      printf("%d\n",100);
      printf("%g\n",5.5);
      printf("%d %d\n",10, 20);

      return 0 ;
}
```

[결과 보기]

```
100
5.5
100
5.5
10 20
```

printf("%d\n", 100);

printf("%d\n", 100);은 10진 정수를 문자열로 변환한 후에 출력하게 된다. 즉, %d는 부호가 있는 10진 정수를 출력하는 서식 문자이다.

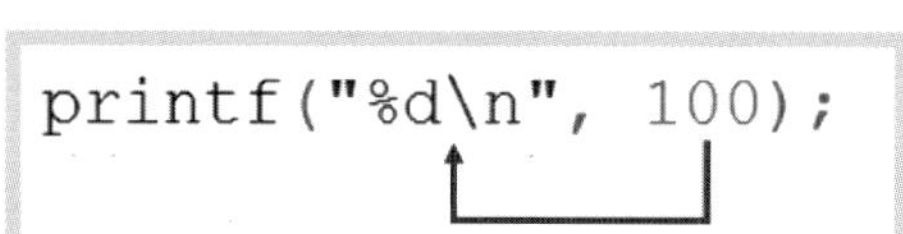

문자와 숫자(정수)에 대해 다시 설명하면 문자는 출력할 수 있으나 연산이 불가능하고, 숫자(정수)는 연산은 가능하나 출력할 수 없다.

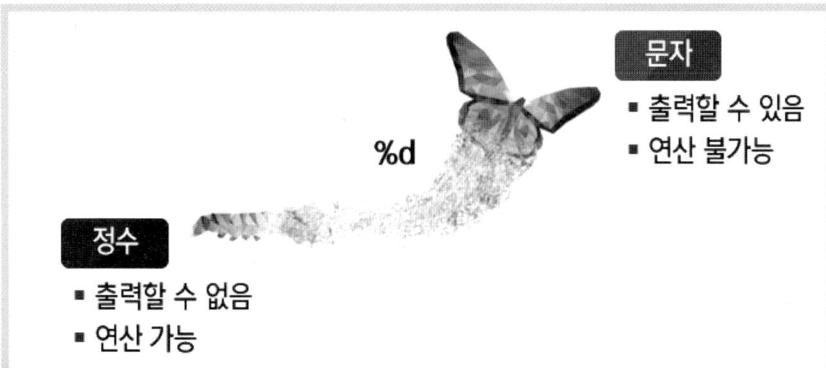

정수 100을 문자열로 변환하여 출력

예를 들어, 정수 10진수 10은 컴퓨터 메모리에 1010으로 저장되어 있어 연산은 가능하지만 출력할 수는 없다. 그래서 출력하려면 출력할 수 있는 문자로 변환해서 출력해야만 한다. 실수와 정수의 차이는 실수는 10.0, 5.2와 같이 소숫점이 있고, 정수는 10, 5, 3과 같이 소숫점이 없다. 실수와 정수는 컴퓨터 메모리에 저장되는 방식이 완전히 다르기 때문에 확실하게 구분해야만 한다.

실수 데이터와 정수 데이터

- 실수 데이터는 소수점을 붙임(10.0, 5.2)
- 정수 데이터는 소수점이 없음(10, 5, 3)
- 실수와 정수는 컴퓨터 메모리에 저장되는 방식이 다름

10진 실수를 문자열로 변환한 후 출력하는 서식 문자로 %f, %e, %g 등이 있다.

%f는 10진 실수를 표현하고, %e는 지수 방식으로 실수를 표현한다. %g는 숫자에 따라 %f 또는 %e로 표시하게 된다.

서식 문자의 사용 방법은 모두 동일하므로 먼저 %g의 사용에 대해 알아보기로 한다.

서식 문자(Conversion Specifier) %g

10진 실수를 문자열로 변환한 후 출력한다.

```
printf("%g\n", 5.5);
```

실수 5.5를 출력하기 위해 printf("%g\n, 5.5);를 입력한다. 실수 5.5는 2진수 형태로 메모리에 저장되어 있는 데 정수와는 다른 방법으로 저장된다.

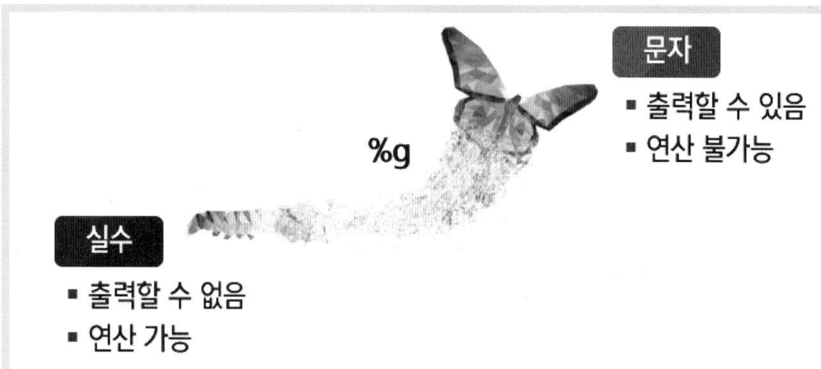

실수 5.5를 문자열로 변환하여 출력함

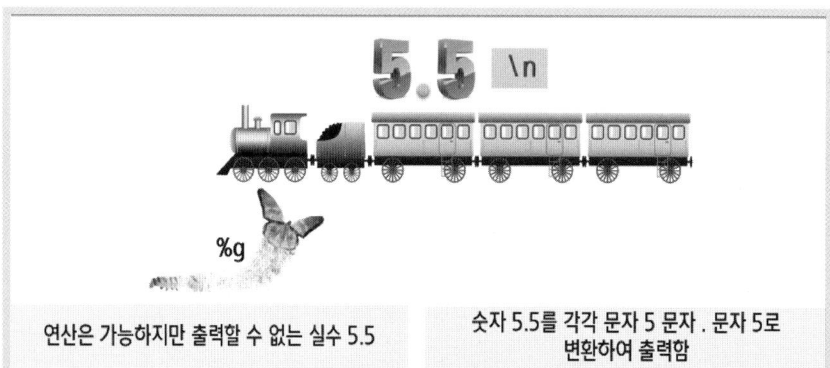

숫자와 문자

printf("%d \n",5.5)를 실행 결과에 대해 생각해 보자.

과연 어떤 결과가 나오게 될까? 예상과는 달리 0이 출력되었다. 그 이유는 실수 데이터와 정수 데이터의 저장 방식이 달라 실수 데이터를 정수로 출력하면 0으로 인식하게 된다. 실수인 경우와 정수인 경우에 따라 서식 문자를 정확히 사용해야 한다.

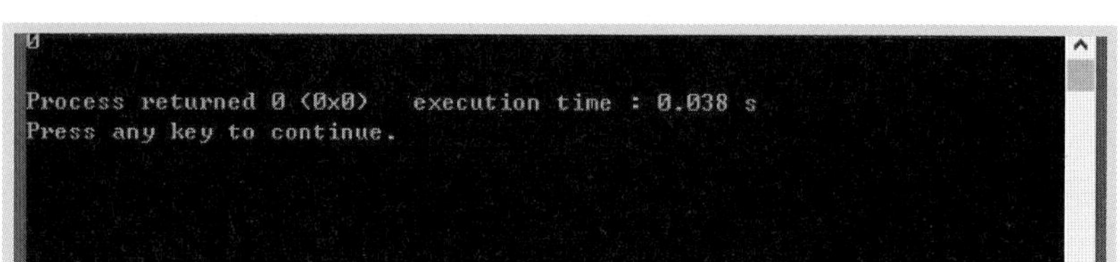

중요내용

- 실수 데이터와 정수 데이터 저장 방식이 달라 실수 데이터를 정수로 출력하면 0이 출력된다.
- 즉, 출력하는 데이터의 형식을 맞춰야 한다.

정수는 %d, 실수는 %g로 아래와 같이 서식을 맞춰야 한다.

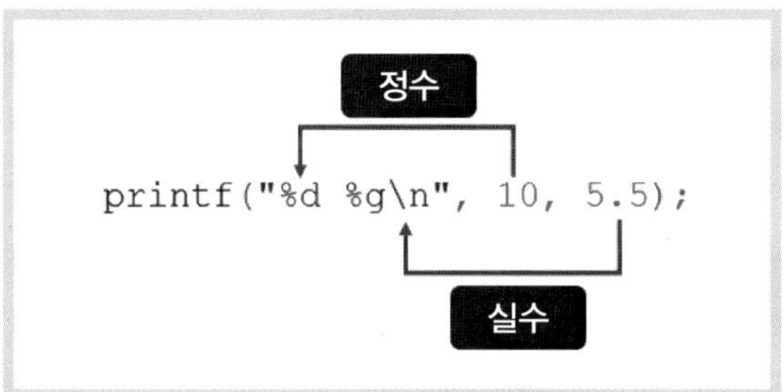

다음 프로그램을 실행해 보자.

```
# include <stdio.h>

int main( )
{
      printf("%d + %d = %d\n", 10, 20, 30) ;
      printf("%d + %d = %d\n", 10, 20, 10+20)

      return 0 ;
}
```

[결과 보기]

```
10 + 20 = 30
10 + 20 = 30
```

결과는 동일하지만 내용은 완전히 다르다.

```
printf("%d + %d = %d\n", 10, 20, 30);
printf("%d + %d = %d\n", 10, 20, 10+20);
```

덧셈이 실행되어 30이 됨

서식 문자의 종류

서식 문자의 종류는 다음과 같다.

사용하는 데이터에 대해 정확한 서식 문자를 사용해야 한다.

서식 문자	설명
%d, %i	10진수 정수(양수, 음수 표현 가능), decimal(10진법)
%x, %X	16진수(양수만 가능, x는 소문자, X는 대문자), hexadecimal(16진법)
%o	8진수 정수(양수만 가능, 대문자 O는 안됨), octal(8진법)
%f, %lf	10진수 실수(양수, 음수 표현 가능), float(부동 소수점 방식)
%c	한 개의 문자, character
%s	문자열, string
%u	10진수 정수(양수만)
%e	e 표기법에 의한 표시
%%	%기호 표시
%g	숫자의 크기에 따라 %f나 %e로 출력

3. 변수와 메모리의 이해

%d, %g에 대해 이해했으면 %c에 대해 알아 보기로 한다. %c는 문자로 출력하는 서식 문자이다. 65를 printf("%c\n, 65); 로 출력하면 대문자 A가 출력된다.

```
# include <stdio.h>

int main( )
{
printf("%d\n", 10) ;
printf("%c\n", 65) ;
printf("%g\n", 10.0) ;

return 0 ;
}
```

%c는 문자로 출력하는 서식 문자(Character)

[결과 보기]

```
10
A
10
```

아스키 코드

컴퓨터에서 사용하는 문자 코드는 ASCII 코드이다. ASCII는 American Standard Code for Information Interchange의 약자로 번역하면 미국 정보 교환 표준 부호가 된다. 총 8비트인데 최상위 비트는 패리티 비트로 사용되고, 3비트의 존 영역과 4비트의 숫자 비트로 구성되어 있다. 패리티 비트는 코드를 송수신할 때 1의 갯수를 짝수로 할 것인지 홀수로 할 것인지를 정해서 0 또는 1을 채우는 가장 일반적인 문자 통신 방식이다.

아스키 코드 컴퓨터에서 표현하는 문자 코드(ASCII)

2진 자리값	128	64	32	16	8	4	2	1	10진수	문자
		1	0	0	0	0	0	1	65	A
		1	0	0	0	0	1	0	66	B
		1	0	0	0	0	1	1	67	C
		1	0	0	0	1	0	0	68	D
		1	0	0	0	1	0	1	69	E
		1	0	0	0	1	1	0	70	F
		1	0	0	0	1	1	1	71	G
	패리티		존 영역							

ASCII(American Standard Code for Information Interchange, 미국 정보 교환 표준 부호)

소문자 코드의 일부분을 보면 다음과 같다.

아스키 코드 컴퓨터에서 표현하는 문자 코드(ASCII)

2진 자리값	128	64	32	16	8	4	2	1	10진수	문자
		1	1	0	0	0	0	1	97	a
		1	1	0	0	0	1	0	98	b
		1	1	0	0	0	1	1	99	c
		1	1	0	0	1	0	0	100	d
		1	1	0	0	1	0	1	101	e
		1	1	0	0	1	1	0	102	f
		1	1	0	0	1	1	1	103	g
	패리티		존 영역							

ASCII(American Standard Code for Information Interchange, 미국 정보 교환 표준 부호)

숫자 코드의 일부분을 보면 다음과 같다.

아스키 코드 컴퓨터에서 표현하는 문자 코드(ASCII)

2진 자리값	128	64	32	16	8	4	2	1	10진수	문자
		0	1	1	0	0	0	0	48	0
		0	1	1	0	0	0	1	49	1
		0	1	1	0	0	1	0	50	2
		0	1	1	0	1	1	1	51	3
		0	1	1	0	1	0	0	52	4
		0	1	1	0	1	0	1	53	5
		0	1	1	0	1	1	0	54	6
	패리티		존 영역							

ASCII(American Standard Code for Information Interchange, 미국 정보 교환 표준 부호)

짝수 패리티를 사용하기로 했다면 패리티 비트의 값은 어떻게 될까?

항상 통신에 사용하는 1의 갯수는 짝수이어야 하므로 다음과 같다.

2진 자리값	128	64	32	16	8	4	2	1	10진수	문자
	0	1	0	0	0	0	0	1	65	A
	0	1	0	0	0	0	1	0	66	B
	1	1	0	0	0	0	1	1	67	C
	0	1	0	0	0	1	0	0	68	D
	1	1	0	0	0	1	0	1	69	E
	1	1	0	0	0	1	1	0	70	F
	0	1	0	0	0	1	1	1	71	G
	패리티		존 영역							

아스키 코드 표

열은 존 비트, 행은 숫사 비트를 의미한다.

아스키 코드 컴퓨터에서 표현하는 문자 코드(열은 존 비트, 행은 숫자 비트)

	000	001	010	011	100	101	110	111
0000	NUL	DLE	SP	0	@	P	‘	p
0001	SOH	DC1	!	1	A	Q	a	q
0010	STX	DC2	'	2	B	R	b	r
0011	ETX	DC3	#	3	C	S	c	s
0100	EOT	DC4	$	4	D	T	d	t
0101	END	NAK	%	5	E	U	e	u
0110	ACK	SYN	&	6	F	V	f	v
0111	BBL	ETB	´	7	G	W	g	w
1000	BS	CAN	(	8	H	X	h	x
1001	HT	EM	)	9	I	Y	i	y
1010	LF	SUB	*	:	J	Z	j	z
1011	VT	ESC	+	;	K	[	k	{
1100	FF	FS	.	<	L	₩~	l	|
1101	CR	GS	-	=	M	]	m	}
1110	SO	RS	·	>	N	^	n	~
1111	SI	US	/	?	O	_	o	DEL

int

int는 integer의 약자로 정수를 의미한다. int a ;는 정수를 담을 수 있는 그릇(메모리)을 확보하라는 의미이다.

```
# include <stdio.h>

int main( )
{
      int a ;
      a = 50 ;

      return 0 ;
}
```

수학 선생님 인트(int)

- int는 정수를 의미함(integer)
- int a ; 는 정수를 저장할 변수 a를 지정함

메모리에 변수 a가 저장할 공간을 확보한다. 주소는 임의로 컴퓨터가 확보한다. 예를들어 2번지를 확보했다고 가정하기로 한다. 아직 데이터는 저장되지 않은 상태이다.

int a ;

주소 데이터

- 메모리에 변수 a가 정수를 저장할 공간을 확보한다.
- 주소는 임의로 컴퓨터가 확보한다.
- (예) 2번지를 확보한다.
- 아직 데이터는 저장되지 않는다.

a = 50 ; 은 변수 a에 정수 50을 2진수로 저장하게 된다. = 는 대입 연산자로 오른쪽의 데이터를 왼쪽의 변수에 대입하게 된다.

```
# include <stdio.h>

int main( )
{
      int a ;
      a = 50 ;

      int n = 50;

      printf("%d\n", a) ;
      printf("%d\n", n) ;

      return 0 ;
}
```

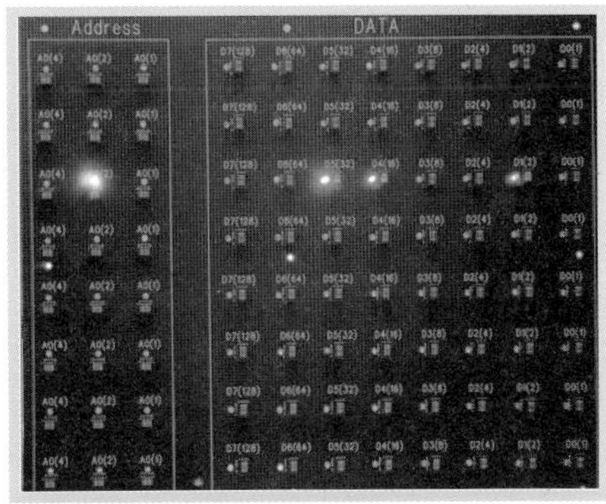

≫ 변수 a에 정수 50을 2진수로 변환해서 저장함
(=는 대입 연산자)
≫ 오른쪽 데이터를 왼쪽 변수에 대입함

이런 과정을 한 번에 할 수도 있다. int n = 50; 이렇게 입력하면 메모리에 변수 n이 정수를 저장할 공간을 확보하고 변수 50을 2진수로 변환해서 변수 n에 저장하게 된다.

```
# include <stdio.h>

int main( )
{
      int a ;
      a = 50 ;

      int n = 50;

      printf("%d\n", a) ;
      printf("%d\n", n) ;

      return 0 ;
}
```

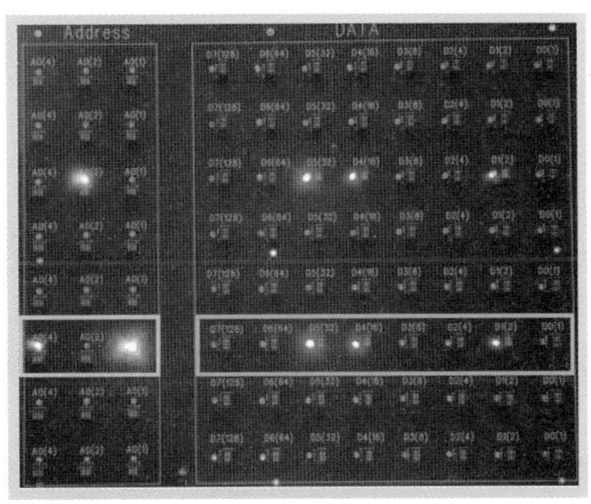

≫ 메모리 변수 n이 정수를 저장할 공간을 확보함
≫ 주소는 임의로 컴퓨터가 확보함
≫ 변수 n에 정수 50을 2진수로 변환해서 저장함

sizeof( ) 함수

메모리의 크기를 알 수 있는 함수가 sizeof( ) 함수이다. int n = 50 ; printf("%d\n", n);은 변수 n에 입력된 데이터 50을 출력하고 int n = 50 ; printf("%d\n", sizeof(n));은 변수 n의 메모리 크기를 출력한다.

프로그램을 실행하면 4가 출력되는데 이것은 4 바이트 (32비트)라는 의미이다.

정수형 변수의 크기는 4바이트이다.

```
# include <stdio.h>

int main( )
{
      int n = 50;

      printf("%d\n", n) ;
      printf("%d\n", sizeof(n)) ;

      return 0 ;
}
```

[결과 보기]

```
50
4
```

1비트, 1바이트 (8비트), 4바이트 (32비트)를 사진으로 표현하면 다음 사진과 같다.

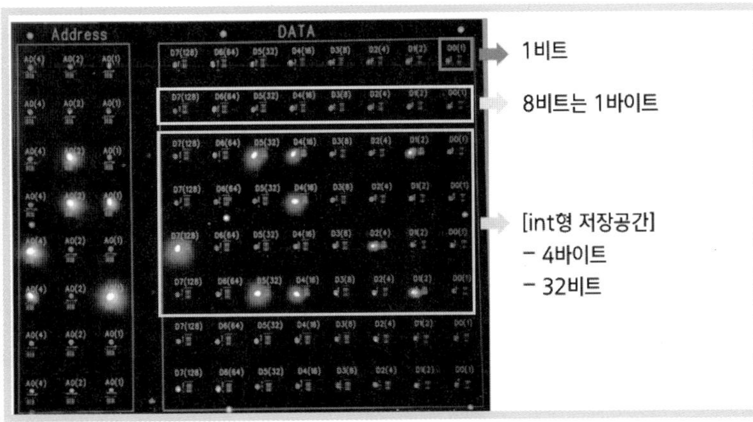

4. a와 b 데이터 바꾸기

int a = 10; int b = 20; 일 때 a의 데이터 10과 b의 데이터 20을 바꾸려면 어떻게 해야 할까? 인간은 쉽게 기억해서 바꿀 수 있지만 컴퓨터는 쉽게 바꿀 수 없다. 그래서 중간 역할을 하는 변수를 만들어서 데이터를 옮겨야만 한다.

다음 프로그램을 실행시켜 보자.

```
# include <stdio.h>

int main( )
{
      int a = 10;
      int b = 20;

      int t = a;
      a=b;
      b=t;

      printf("%d %d\n", a,b) ;

      return 0 ;
}
```

[결과 보기]

```
20 10
```

중간 역활을 하는 int t를 만들어서 변수 a의 값을 대입한 후에 변수 a에 변수 b의 값을 대입한 후에 t에 저장했던 a의 데이터를 b에 저장하는 방식으로 데이터를 바꿀 수 있다.

이 과정을 그림으로 확인해 보기로 한다.

int a = 10; int b = 20; 에서 컴퓨터는 메모리에 a와 b가 사용할 메모리를 확보하고 데이터를 입력한다. 편의상 4바이트에 저장해야 하지만 1바이트에 저장하는 것으로 만들었다.

```
# include <stdio.h>

int main( )
{
     int a = 10;
     int b = 20;

     int t = a;
     a=b;
     b=t;

     printf("%d %d\n", a,b) ;

return 0 ;
}
```

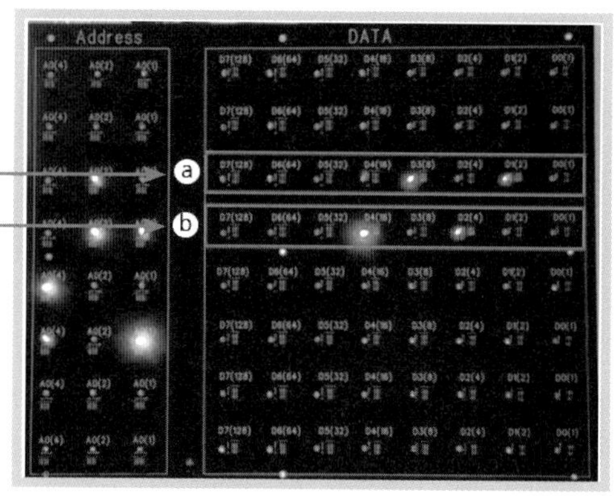

int t = a; 에서 컴퓨터는 변수 t가 사용할 메모리를 확보하고 a의 데이터를 t에 입력한다.

```
# include <stdio.h>

int main( )
{

      int a = 10;
      int b = 20;

      int t = a;
      a=b;
      b=t;

      printf("%d %d\n", a,b) ;

return 0 ;
}
```

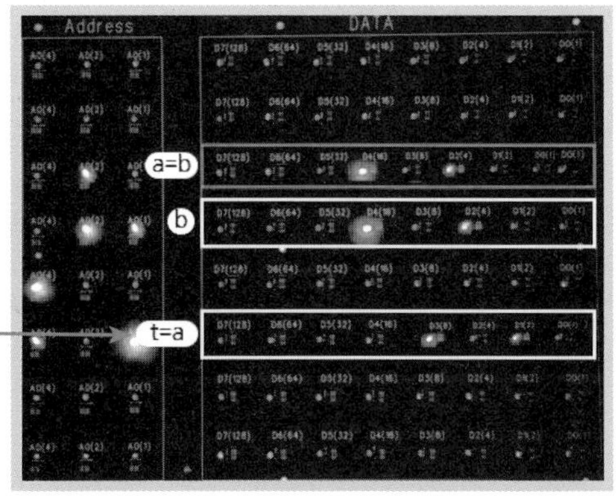

a = b;에서 b의 데이터를 a에 입력한다.

```
# include <stdio.h>

int main( )
{

      int a = 10;
      int b = 20;

      int t = a;
      a=b;
      b=t;

      printf("%d %d\n", a,b) ;

return 0 ;
}
```

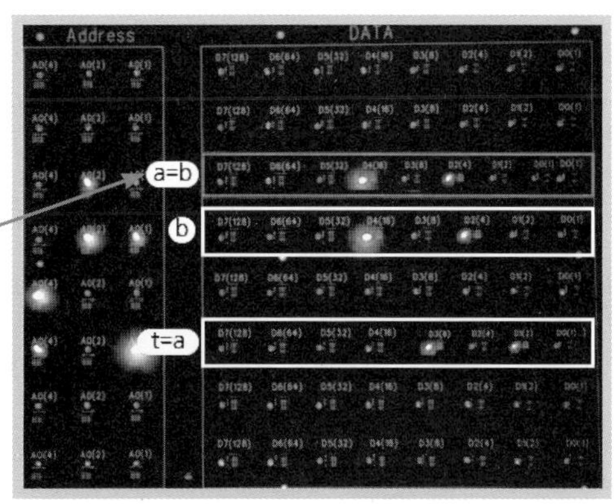

b = t ; 에서 t의 데이터를 b에 입력해서 a와 b의 데이터 바꾸기가 완성된다.

```
# include <stdio.h>

int main( )
{

      int a = 10;
      int b = 20;

      int t = a;
      a=b;
      b=t;

      printf("%d %d\n", a,b) ;

return 0 ;
}
```

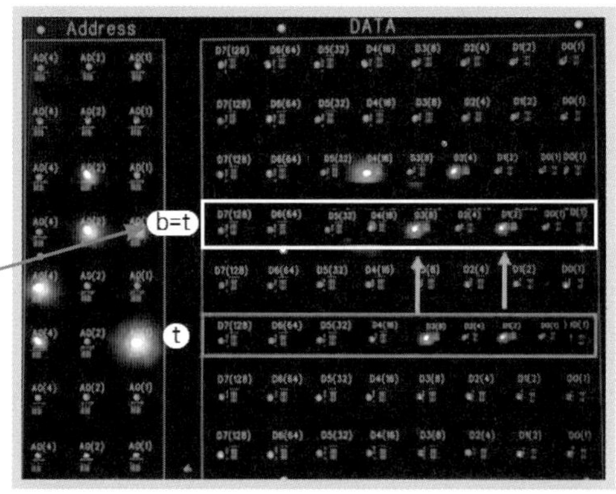

ASCII 코드 확인하기

A의 ASCII 코드를 확인하기 위해서는 'A'를 사용한다. 문자열일 때는 쌍따옴표 ("   ")를 사용하고 문자일 때는 홑따옴표(' ')를 사용한다.

```
# include <stdio.h>

int main( )
{
      printf("%d %c\n", 65, 65) ;
      printf("%d %c\n", 'A', 'A') ;

      return 0 ;
}
```

→ 문자 A의 ASCII 코드값 65를 의미

[결과 보기]

```
65 A
65 A
```

출력 문자열 안에서 서식 문자 %d 사용하기

서식 문자는 출력 문자열 안에서 사용할 수 있다. 다음 예제 프로그램을 보면 n에 입력된 15를 문자열 안에서 출력되어 제 나이는 15입니다.를 출력한 것을 확인할 수 있다.

```
# include <stdio.h>

int main( )
{

     int n = 15 ;

     printf("제 나이는 %d 입니다. \n", n) ;

     return 0 ;

}
```

[결과 보기]

```
제 나이는 15 입니다.
```

학습정리

1. printf( ) 함수와 서식 문자에 대해 이해하도록 한다.

2. 서식 문자에 대해 설명할 수 있도록 한다.

서식 문자	설명
%d, %i	10진수 정수(양수, 음수 표현 가능), decimal(10진법)
%x, %X	16진수(양수만 가능, x는 소문자, X는 대문자), hexadecimal(16진법)
%o	8진수 정수(양수만 가능, 대문자 O는 안됨), octal(8진법)
%f, %lf	10진수 실수(양수, 음수 표현 가능), float(부동 소수점 방식)
%c	한 개의 문자, character
%s	문자열, string
%u	10진수 정수(양수만)
%e	e 표기법에 의한 표시
%%	%기호 표시
%g	숫자의 크기에 따라 %f나 %e 출력

3. 변수와 메모리에 대해 이해한다. sizeof( ) 함수를 사용하여 변수의 크기를 확인할 수 있다.

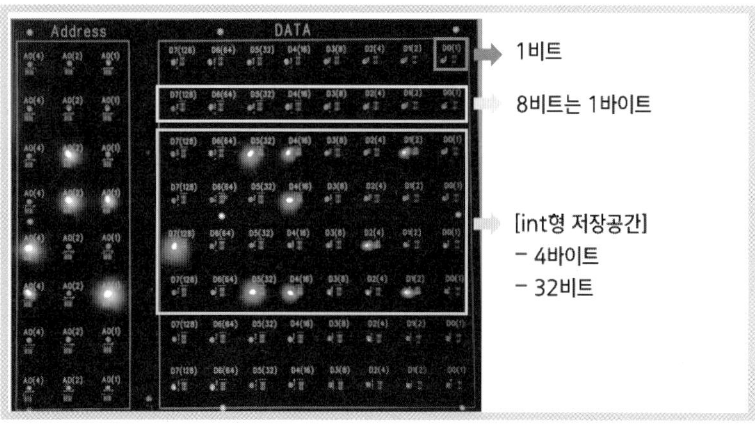

4. 변수 a의 데이터와 변수 b의 데이터를 바꾸는 방법에 대해 이해한다.

연습문제

1. 다음 프로그램의 실행 결과는?

```
# include <stdio.h>

int main( )
{
    int a = 80 ;
    printf("%d\n",sizeof(a)) ;
}
```

① 80 ② 8

③ 4 ④ 32

힌트 sizeof( ) 함수는 변수의 크기를 출력하는 함수이다. 정수형 변수의 크기는 4바이트이다.

2. 다음 프로그램의 실행 결과는?

```
# include <stdio.h>

int main( )
{
    int a = 80 ;
    printf("%d\n",a) ;
}
```

① 80 ② 8

③ 4 ④ 10

힌트 변수 a에 입력된 데이터를 출력하는 프로그램이다.

3. 다음 소스 코드를 완성하여 수학 점수는 85점입니다.를 출력하게 하려고 한다. (코드)에 적당한 것은 무엇인가?

```
# include <stdio.h>

int main( )
{
    int score = 85 ;
    printf("수학 점수는(코드)입니다. \n",score) ;
}
```

① %c ② %f

③ %g ④ %d

4. 다음 프로그램의 실행 결과는 무엇인가?

```
# include <stdio.h>

int main( )
{
    int a = 45 ;
    int b = 90 ;

    int t = a ;
    a = b ;
    b = t ;

    printf("%d\n",t) ;
}
```

① 45 ② 90

③ 4 ④ 135

힌트 a와 b의 데이터를 바꾸기 위해 a의 값을 t에 저장한다.

5. 다음은 ASCII 코드표이다. 문자 A는 10진수로 65이고 이진수로는 1000001이다. 프로그램의 실행 결과는?

	000	001	010	011	100	101	110	111
0000	NUL	DLE	SP	0	@	P	‘	p
0001	SOH	DC1	!	1	A	Q	a	q
0010	STX	DC2	"	2	B	R	b	r
0011	ETX	DC3	#	3	C	S	c	s
0100	EOT	DC4	$	4	D	T	d	t
0101	END	NAK	%	5	E	U	e	u
0110	ACK	SYN	&	6	F	V	f	v
0111	BBL	ETB	´	7	G	W	g	w
1000	BS	CAN	(	8	H	X	h	x
1001	HT	EM	)	9	I	Y	i	y
1010	LF	SUB	*	:	J	Z	j	z
1011	VT	ESC	+	;	K	[	k	{
1100	FF	FS	.	<	L	₩~	l	|
1101	CR	GS	-	=	M	]	m	}
1110	SO	RS	·	>	N	^	n	~
1111	SI	US	/	?	O	_	o	DEL

```
#include <stdio.h>
int main()
{
   printf("%c\n",68) ;
}
```

① A ② B

③ C ④ D

6. 다음은 ASCII 코드표이다. 문자 A는 10진수로 65이고 이진수로는 1000001이다. 프로그램의 실행 결과는?

	000	001	010	011	100	101	110	111
0000	NUL	DLE	SP	0	@	P	'	p
0001	SOH	DC1	!	1	A	Q	a	q
0010	STX	DC2	'	2	B	R	b	r
0011	ETX	DC3	#	3	C	S	c	s
0100	EOT	DC4	$	4	D	T	d	t
0101	END	NAK	%	5	E	U	e	u
0110	ACK	SYN	&	6	F	V	f	v
0111	BBL	ETB	´	7	G	W	g	w
1000	BS	CAN	(	8	H	X	h	x
1001	HT	EM	)	9	I	Y	i	y
1010	LF	SUB	*	:	J	Z	j	z
1011	VT	ESC	+	;	K	[	k	{
1100	FF	FS	.	<	L	₩~	l	|
1101	CR	GS	-	=	M	]	m	}
1110	SO	RS	·	>	N	^	n	~
1111	SI	US	/	?	O	_	o	DEL

```
#include <stdio.h>
int main()
{
   printf("%d\n",'H') ;
}
```

① 70 ② 68

③ 72 ④ 82

7. 다음은 ASCII 코드에서 문자 0부터 7까지 표이다. 짝수 패리티를 사용할 경우 다음 설명 중 옳은 것은?

128	64	32	16	8	4	2	1	10진수	문자
가	0	1	1	0	0	0	0	48	0
나	0	1	1	0	0	0	1	49	1
다	0	1	1	0	0	1	0	50	2
라	0	1	1	0	1	1	1	51	3
마	0	1	1	0	1	0	0	52	4
바	0	1	1	0	1	0	1	53	5
사	0	1	1	0	1	1	0	54	6

① 가=0, 다=1, 바=0, 사=0이다. ② 나=1, 라=1, 마=0, 사=1이다.
③ 가=0, 라=1, 마=0, 바=0이다. ④ 가=0, 다=1, 라=1, 마=0이다.

8. 다음 프로그램의 실행 결과로 옳은 것은?

```
#include <stdio.h>
int main()
{
   printf("%d\n",30+35) ;
}
```

① 30+35 ② 65
③ A ④ 'A'

9. 다음 중 서식 문자가 아닌 것은?

① %P ② %s
③ %C ④ %E

10. 다음 중 정수를 의미하는 것은 무엇인가?

① char ② int
③ sizeof ④ printf

정답 1. ③ 2. ① 3. ④ 4. ① 5. ④ 6. ③ 7. ① 8. ② 9. ① 10. ②

CHAPTER 06

scanf 함수와 산술 연산자

학습목차

1. 10진수, 2진수 변환
2. 2진수, 8진수, 16진수 상호 변환
3. scanf ( ) 함수
4. 산술 연산자(+, −, *, /, %)
5. 변수 값 바꾸기

학습목표

- 2진수, 8진수, 16진수, 10진수를 상호 변환할 수 있다.
- scanf( ) 함수를 사용하여 입력받을 수 있다.
- ++a와 a++의 차이에 대해 설명할 수 있다.

1. 10진수, 2진수 변환

1) 10진수를 2진수로 변환하는 방법 1

정수 부분

- 2로 나누어 더 이상 나눠지지 않을 때까지 나누고, 나머지를 역순으로 표시

소수 부분

- 2를 곱한 결과의 정수 부분만을 차례로 표시

10진수 21.6을 2진수로 변환하는 예제를 풀어보기로 한다.

예제 1

10진수 21.6을 2진수로 변환한 것은?

가. 10111.1011　　나. 10101.1101　　다. 10101.1010　　라. 10101.1001

풀이

- 정수 부분은 2로 나누어 더 이상 나눠지지 않을 때까지 나눈다.
- 소수 부분은 2를 곱한 결과의 정수 부분만을 차례로 표시한다.

정수 부분

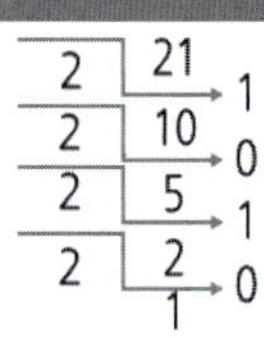

소수 부분

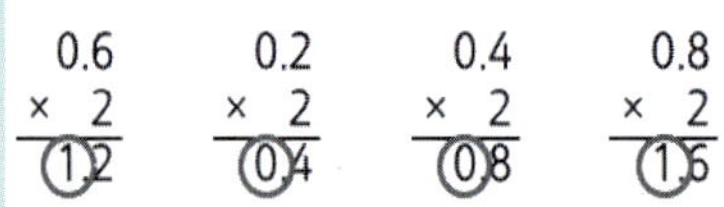

정답 : 라

2) 10진수를 2진수로 변환하는 방법 2

10진수를 2진수를 변환할 때는 주로 소수점 이하보다는 정수 부분을 많이 변환하게 된다. 뺄셈을 이용해서 10진수의 정수 부분을 변환하는 방법도 있다. 2진수의 자리 값은 작은 수부터 1 2 4 8 16 32 64 128이므로 이것을 표로 그리고 변환하는 방법에 대해 알아보자.

예제 2

10진수 156을 2진수로 변환하시오.

풀이

2진수의 자리 값을 적어보자.

128	64	32	16	8	4	2	1

- 156 안에 들어갈 수 있는 최댓값이 128이므로 128자리에 1을 표시하고 156 − 128 = 28 계산한다.
- 28 안에 들어갈 수 있는 최댓값은 16이므로 16자리에 1을 표시하고 28 − 16 = 12 계산한다.
- 12 안에 들어갈 수 있는 최댓값은 8이므로 8자리에 1을 표시하고 12 − 8 = 4 계산한다.
- 4 안에 들어갈 수 있는 최댓값은 4이므로 4자리에 1을 표시하고 4 − 4 = 0 계산한다.

정답

128	64	32	16	8	4	2	1
1	0	0	1	1	1	0	0

3) 10진수를 2진수로 변환하는 방법 3

아쉽게도 C 언어에서 10진수를 2진수로 출력하는 서식 문자는 없다. 그러나 8진수로 출력하는 서식 문자는 %o이다. 영문자 소문자 o이다. 대문자 O도 아니고 숫자 0은 더욱 더 아니므로 혼동하지 말아야 한다. 10진수 156을 8진수로 변환하는 프로그램은 다음과 같다.

```
#include <stdio.h>
int main( )
{
   printf("%o\n", 156) ;
   return 0 ;
}
```

%o
▪ 8진수로 출력하는 서식 문자

[결과 보기]

```
234
```

풀이

- 156은 8진수로 234
- 2를 3자리 2진수로 변환하면 010
- 3를 3자리 2진수로 변환하면 011
- 4를 3자리 2진수로 변환하면 100

10진수 156을 2진수로 변환하면 010011100이다.

2. 10진수, 8진수, 16진수 및 2진수 상호 변환

10진수는 0부터 9까지 사용하고, 8진수는 0부터 7까지 사용한다. 16진수는 0부터 15까지 사용하는데 10부터는 사용할 숫자가 없기 때문에 10부터 A(10), B(11), C(12), D(13), E(14), F(15)를 사용하고, 10부터 a(10), b(11), c(12), d(13), e(14), f(15)로 소문자를 사용하는 경우도 있다.

2진수로 변환하는 것은 소수점을 기준으로 8진수는 3자리씩, 16진수는 4자리씩 변환한다.

10진수	8진수	16진수
▪ 0부터 9까지 사용	▪ 0부터 7까지 사용	▪ 0부터 15까지 사용 ▪ 10 이상 숫자가 없기 때문에 10을 A, 11을 B, 12를 C, 13을 D, 14를 E, 15를 F로 표시

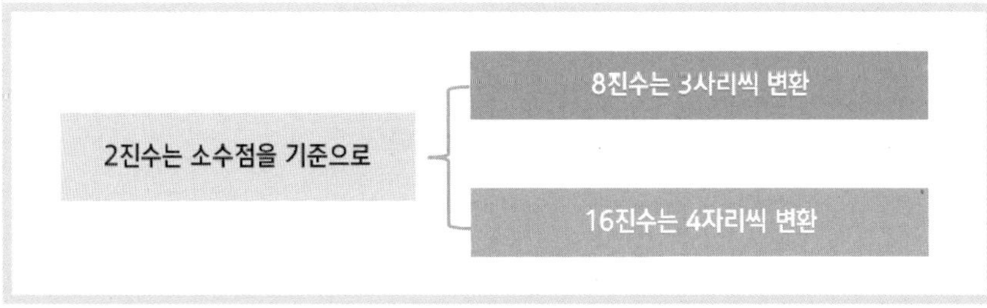

10진수와 2진수, 16진수, 8진수를 표로 나타내면 다음과 같다.

10진수	2진수	16진수	8진수
0	0 0000	0	0
1	0 0001	1	1
2	0 0010	2	2
3	0 0011	3	3
4	0 0100	4	4
5	0 0101	5	5
6	0 0110	6	6
7	0 0111	7	7
8	0 1000	8	1 0

10진수	2진수	16진수	8진수
9	0 1001	9	1 1
10	0 1010	A	1 2
11	0 1011	B	1 3
12	0 1100	C	1 4
13	0 1101	D	1 5
14	0 1110	E	1 6
15	0 1111	F	1 7
16	1 0000	1 0	2 0
17	1 0001	1 1	2 1

16진수 A4D를 8진수로 변환하는 예제를 풀어보자.

예제 3

16진수 A4D를 8진수로 바꾸면?

가. 51158　　나. 51168　　다. 51178　　라. 51188

풀이

- 16진수 A4D는 2진수로 1010 0100 1101이다.
- 8진수로 변환하기 위해 아래 자리부터 3자리씩 변환하면 5115가 된다.

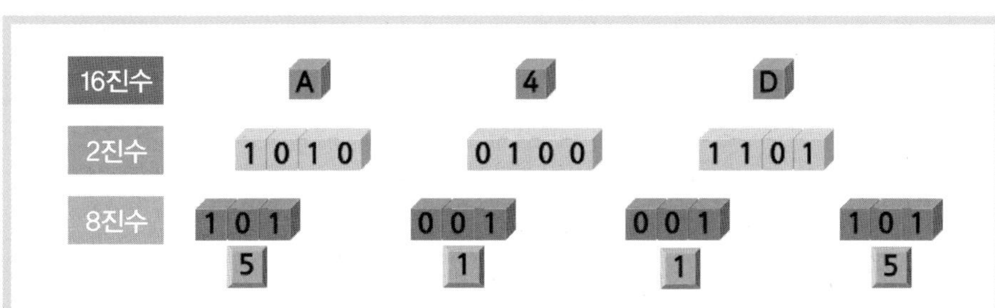

16진수 A4D를 8진수로 변환하는 프로그램을 만들어 보기로 한다.

숫자 앞에 0x를 붙이면 16진수를 의미하고 숫자 앞에 0(숫자 0)을 붙이면 8진수를 의미한다. %o(영문자 소문자 o)는 8진수로 출력하는 서식 문자이다.

```
#include <stdio.h>
int main( )
{
    printf("%o\n", 0xA4D) ;
    return 0 ;
}
```

[출력 보기]

```
5115
```

8진수를 2진수로 변환하는 예제를 풀어보자.

예제 4

8진수 474를 2진수로 변환하면?

가. 101 111 101 나. 010 001 110 다. 011 110 011 라. 100 111 100

풀이

- 8진수 숫자 하나를 3자리의 2진수로 각각 변환한다. 4는 2진수로 변환하면 100이고 7은 2진수로 변환하면 111이 된다.

정답 : 라

10진수 235를 16진수로 변환하는 예제를 풀어보자.

예제 5

10진수 235를 16진수로 변환하면?

가. 0xEB　　나. 0x3W　　다. 0xFB　　라. 0xDA

풀이

10진수 235를 2진수로 변환한다.

235-128 =107	107-64=43	43-32=11	11-8=3	3-2=1	1-1=0

10진수 235는 2진수로 11101011이고 이것을 오른쪽 끝부터 4자리씩 16진수로 변환한다.

128	64	32	16	8	4	2	1
1	1	1	0	1	0	1	1

14 = E	11 = B

정답 : 가

10진수를 16진수로 변환하는 프로그램을 해 보자. %X는 변환 결과를 영문자 대문자로 출력하는 서식 문자이고, %c는 변환 결과를 영문자 소문자로 출력하는 서식 문자이다.

```
#include <stdio.h>
int main( )
{
   printf("%X  %x\n", 235, 235) ;
   return 0 ;
}
```

%x
▪ 16진수 소문자로 출력하는 서식 문자

%X
▪ 16진수 대문자로 출력하는 서식 문자

[결과 보기]

```
EB  eb
```

3. scanf( ) 함수

scanf() 함수는 키보드로부터 데이터를 입력받는 함수이다. 사용 방법은 다음과 같다.

```
scanf("%d",&변수명)
```

점수를 입력하세요.를 출력하고 키보드로부터 10진 정수를 입력받아 출력하는 프로그램을 만들어 보자. 입력받을 변수명은 n으로 한다.

```
#include <stdio.h>
int main( )
{  int n ;
   printf("점수를 입력하세요.\n") ;
   scanf("%d", &n) ;
   printf("당신의 점수는 %d 입니다.\n", n) ;
   return 0 ;
}
```

&
▪ 주소 연산자

&n
▪ n의 주소를 의미

scanf("%d",&n) ;
▪ 키보드로부터 정수데이터를 입력받아 변수 n에 저장하는 명령

[결과 보기]

```
점수를 입력하세요.
50
당신의 점수는 50 입니다.
```

키보드로부터 정수를 입력받아 출력하는 과정을 순서대로 알아보기로 한다.

int n ; 에서 메모리에 변수 n이 정수를 저장할 공간을 확보한다. 주소는 임의로 컴퓨터가 확보한다. 여기서는 2번지를 확보한 것으로 가정한다. 아직 데이터는 저장되지 않았다.

```
#include <stdio.h>
int main( )
{  int n ;
   printf("점수를 입력하세요.\n") ;
   scanf("%d", &n ) ;
   printf("당신의 점수는 %d 입니다.\n", n) ;
   return 0 ;
}
```

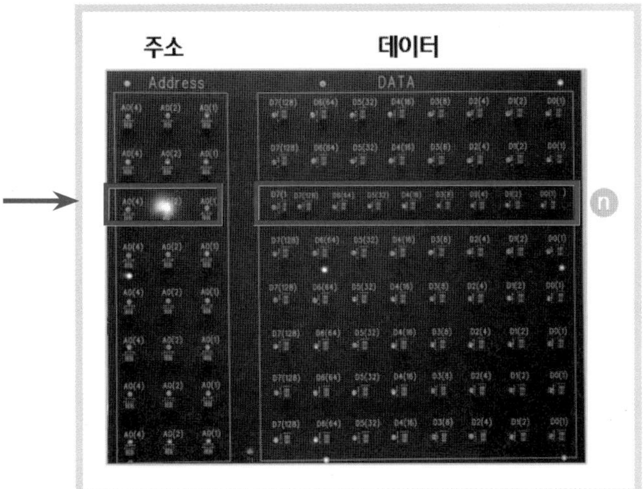

int n ;

- 메모리에 변수 n이 정수를 저장할 공간을 확보함
- 주소는 임의로 컴퓨터가 확보함

  예 2번지로 가정함
- 아직 데이터는 저장되지 않음

printf("점수를 입력하세요.\n") ;에서 화면에 점수를 입력하세요.를 출력한다.

printf("점수를 입력하세요./n") ;

- 화면에 "점수를 입력하세요."를 출력

scanf("%d", &n);에서 키보드로부터 입력을 기다린다.

scanf("%d",&n) ;

- 키보드로부터 입력을 기다림
- 50을 입력하고 Enter를 치면 n에 00110010을 저장

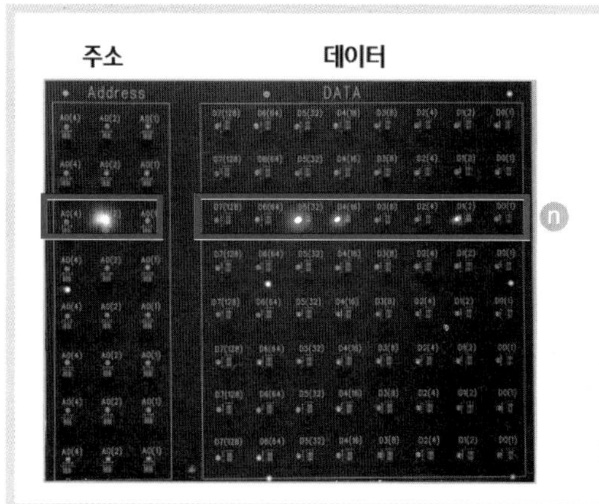

printf("당신의 점수는 %d 입니다.\n", n) ;에서 변수 n에 저장된 2진수 00110010을 문자열 50으로 변환하여 출력한다.

printf("당신의 점수는 %d 입니다. \n", n) ;

- n에 저장된 00110010을 문자열 50으로 변환하여 "당신의 점수는 50 입니다"를 출력

프로그램에서 다음과 같이 n을 &n으로 변경해 보자. 그러면 n의 주소를 16진수 대문자로 출력한다. 주소는 실행할 때마다 변경되기 때문에 결과는 매번 다를 수 있다.

```
#include <stdio.h>
int main( )
{
   int n ;
   printf("점수를 입력하세요.\n") ;
   scanf("%d", &n ) ;
   printf("n의 16진수 주소는 %X 입니다.\n", &n) ;
   return 0 ;
}
```

[결과 보기]

```
점수를 입력하세요.
50
n의 16진수 주소는 62FE1C 입니다.
```

4. 산술 연산자

1) 산술 연산자(+, −, *, /, %)의 사용

산술 연산자 +, −, *(곱셈)은 수학연산자 동일하다. /는 변수가 정수로 선언되었을 때에는 몫을 계산한다. %는 나머지 연산자이다. 연산자를 사용한 프로그램과 결과를 비교해 보자.

```
#include <stdio.h>
int main( )
{
   int a=10, b=3 ;
   printf("%d\n", a+b) ;
   printf("%d\n", a-b) ;
   printf("%d\n", a*b) ;
   printf("%d\n", a/b) ;
   printf("%d\n", a%b) ;
   return 0 ;
}
```

/ 연산
▪ 몫 계산(int인 경우)

% 연산
▪ 나머지 계산

[결과 보기]

```
13
7
30
3
1
```

나눗셈을 하려면 실수형(double) 변수를 사용해야 한다. int형 변수인 경우에는 몫을 계산하는 데 비해 실수형 변수를 사용하면 나눗셈의 결과를 얻을 수 있다.

```
#include <stdio.h>
int main( )
{
   double a=10.0, b=3.0 ;
   double c=a/b ;
   printf("a=%5.2f b=%5.2f a/b=%5.2f", a, b, c) ;
   return 0 ;
}
```

[결과 보기]

```
a=10.00 b=3.00 a/b=3.33
```

5. 변수 값 바꾸기

5장에서 변수 값을 변경하기 위해 매개 변수를 사용하는 것에 대해 학습하였다. 컴퓨터 프로그램에서 변수를 사용하는 것은 매우 중요하므로 한 번 더 실행해 보기로 한다. a=b;를 실행하면 b의 데이터 5를 a에 대입하게 되서 a 값과 b 값이 동일하게 5가 된다.

```
#include <stdio.h>
int main( )
{
   int a=10, b= 5 ;
   a=b ;
   printf("%d\n", a) ;
   printf("%d\n", b) ;
   return 0 ;
}
```

[결과 보기]

```
5
5
```

매개 변수 temp를 사용하여 a의 데이터를 temp에 입력한 후 b의 데이터를 a에 입력하고, 다시 temp의 값을 b에 입력하는 프로그램의 순서에 대해 다시 이해하기 바란다.

```
# include <stdio.h>
int main( )
{  int a = 10, b = 20;
   int temp = a;
   a=b;
   b=temp;
   printf("a=%d\n", a) ;
   printf("b=%d\n", b) ;
   return 0 ;
}
```

[결과 보기]

```
a=20
b=10
```

3) a += b ;

a += b는 a = a + b와 동일하다. a에 입력된 데이터와 b에 입력된 데이터를 합산해서 다시 a에 저장하는 명령이다.

```
# include <stdio.h>
int main( )
{  int a = 10, b = 5;
   a += b;
   printf("a=%d\n", a) ;
   printf("b=%d\n", b) ;
   return 0 ;
}
```

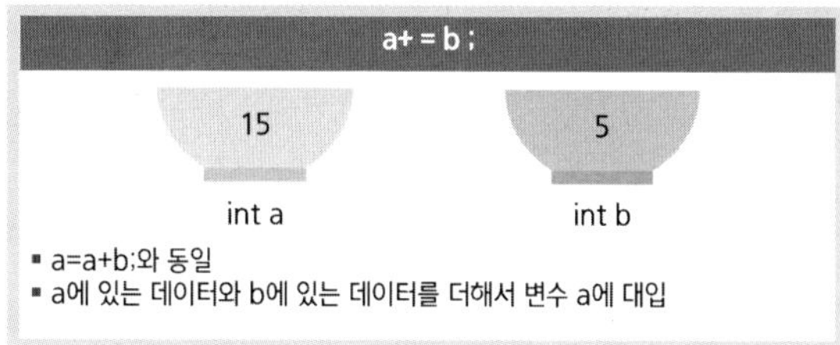

▪ a=a+b;와 동일
▪ a에 있는 데이터와 b에 있는 데이터를 더해서 변수 a에 대입

[결과 보기]

```
a=15
b=5
```

4) r = ++a ;와 r = a++; 비교

++a는 전위 연산자로 먼저 a의 데이터를 1만큼 증가시키고 r에 대입한다. a++는 후위 연산자로 a를 대입한 후 a의 데이터를 1만큼 증가시킨다. 두 차이를 그림으로 그려 놓았다. 잘 이해하기 바란다.

```
# include <stdio.h>
int main( )
{
   int a = 10, r = 0;
   r = ++a;
   printf("a=%d\n", a) ;
   printf("r=%d\n", r) ;
   return 0 ;
}
```

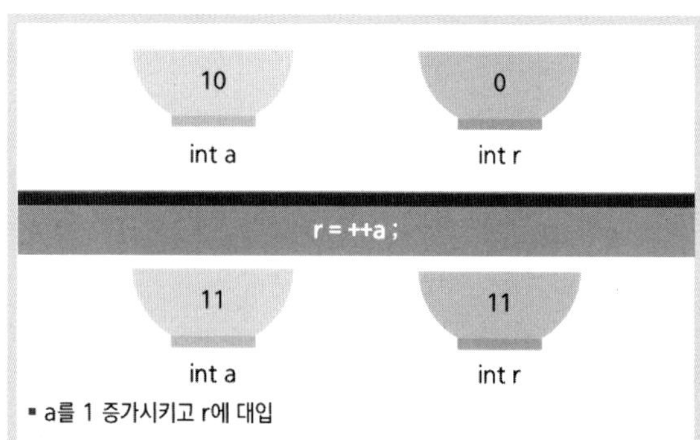

▪ a를 1 증가시키고 r에 대입

[결과 보기]

```
a=11
r=11
```

```
# include <stdio.h>
int main( )
{
   int a = 10, r = 0;
   r = a++;
   printf("a=%d\n", a) ;
   printf("r=%d\n", r) ;
   return 0 ;
}
```

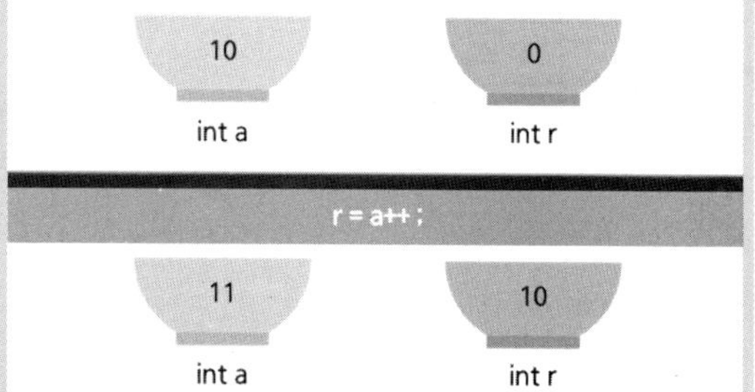

▪ a를 r에 대입한 후 a를 1 증가시킴

[결과 보기]

```
a=11
r=10
```

학습정리

1. scanf 함수 사용법에 대해 숙지한다.

```
#include <stdio.h>
int main( )
{  int n ;
   printf("점수를 입력하세요.\n") ;
   scanf("%d", &n ) ;
   printf("당신의 점수는 %d 입니다.\n", n) ;
   return 0 ;
}
```

&
▪ 주소 연산자

&n
▪ n의 주소를 의미

scanf("%d",&n) ;
▪ 키보드로부터 정수데이터를 입력받아 변수 n에 저장하는 명령

[결과 보기]

```
점수를 입력하세요.
50
당신의 점수는 50 입니다.
```

2. 산술연산자(+, −, *, /, %)의 사용에 대해 완벽하게 이해해야 한다.
int형 변수에서 /는 몫을 구하고, %는 나머지를 구한다.
나눗셈을 하려면 실수형(double) 변수를 사용해야 한다.

```
#include <stdio.h>
int main( )
{
   double a=10.0, b=3.0 ;
   double c = a/b ;
   printf("a = %5.2f b= %5.2f a/b = %5.2f", a, b, c) ;
   return 0 ;
}
```

[결과 보기]

```
a = 10.00 b=  3.00 a/b =  3.33
```

3. r = ++a ;와 r = a++; 비교

① r = ++a ;

```
# include <stdio.h>
int main( )
{
   int a = 10, r = 0;
   r = ++a;
   printf("a=%d\n", a) ;
   printf("r=%d\n", r) ;
   return 0 ;
}
```

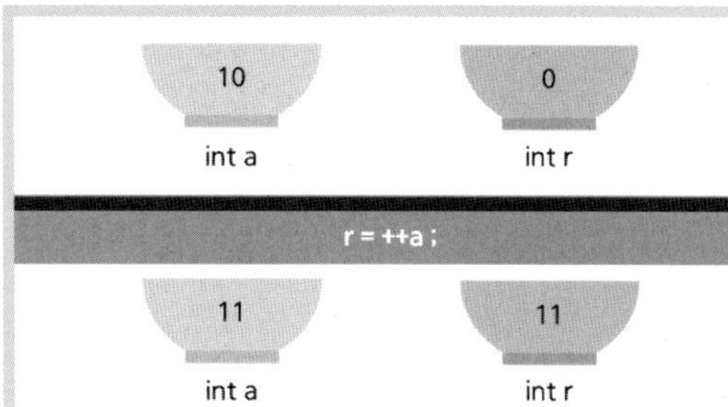

▪ a를 1 증가시키고 r에 대입

[결과 보기]

```
a=11
r=11
```

② r = a++ ;

```
# include <stdio.h>
int main( )
{
   int a = 10, r = 0;
   r = a++;
   printf("a=%d\n", a) ;
   printf("r=%d\n", r) ;
   return 0 ;
}
```

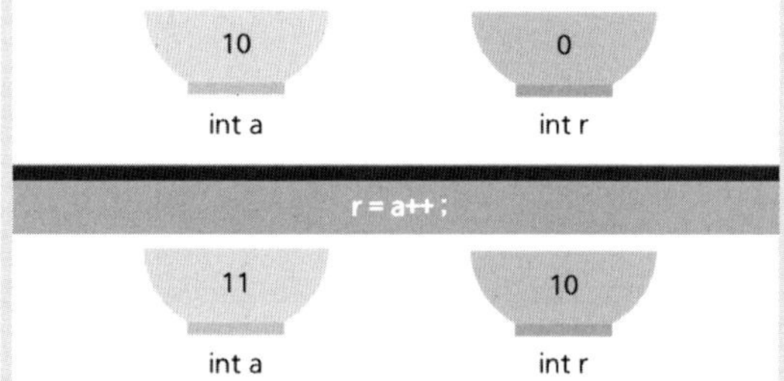

▪ a를 r에 대입한 후 a를 1 증가시킴

[결과 보기]

```
a=11
r=10
```

연습문제

1. 다음은 10진수 35를 8진수로 변환하는 프로그램이다. 실행 결과는?

```
#include <stdio.h>
int main( )
{
   printf("%o\n", 35) ;
   return 0 ;
}
```

① 40 ② 41
③ 42 ④ 43

2. 다음 프로그램의 실행 결과는?

```
#include <stdio.h>

int main( )
{
   printf("%o\n", 0x1F) ;
   return 0 ;
}
```

① 37 ② 39
③ 27 ④ 25

3. 다음은 "숫자를 입력하세요."를 출력하고 입력받은 숫자를 출력하는 프로그램이다. 코딩에 적당한 것을 쓰시오.

```
#include <stdio.h>
int main( )
{
    int num ;
    printf("숫자를 입력하세요.\n") ;
    scanf(코딩) ;
    printf("%d\n", num) ;

    return 0 ;
}
```

4. 다음은 score의 주소를 출력하는 프로그램이다. 코딩에 적당한 것을 쓰시오.

```
#include <stdio.h>
int main( )
{
    int score = 97 ;
    printf(" %X \n", 코딩) ;

    return 0 ;
}
```

5. 다음 프로그램의 실행 결과는?

```
#include <stdio.h>
int main( )
{
    int a=22, b=5 ;
    printf("%d\n", a/b) ;

    return 0 ;
}
```

① 4.4 ② 4
③ 2 ④ 5

6. 다음 프로그램의 실행 결과는?

```
#include <stdio.h>
int main( )
{
   int a=22, b=5 ;
   printf("%d\n", a%b) ;

   return 0 ;
}
```

① 2 ② 3
③ 4 ④ 5

7. 다음 프로그램의 실행 결과는?

```
#include <stdio.h>
int main( )
{
   double a=10.0, b=4.0 ;
   double c = a/b ;
   printf( "%5.2f", c) ;

   return 0 ;
}
```

① 2 ② 2.5
③ 2.50 ④ 2.500

8. 다음 프로그램의 실행 결과는?

```
# include <stdio.h>
int main( )
{
   int a = 10, b = 20;
   int temp = a;
   a=b;
   b=temp;
   printf("%d", temp) ;

   return 0 ;
}
```

① 20 ② 25
③ 15 ④ 10

9. 다음 프로그램의 실행 결과는?

```
# include <stdio.h>
int main( )
{
   int a = 50, r = 10;
   r = ++a;
   printf("%d\n", a) ;

   return 0 ;
}
```

① 10 ② 51
③ 50 ④ 11

10. 다음 프로그램의 실행 결과는?

```
# include <stdio.h>
int main( )
{
   int a = 50, r = 10;
   r = a++;
   printf("%d\n", r) ;
   return 0 ;
}
```

① 10 ② 51
③ 50 ④ 11

정답 1. ④ 2. ① 3. "%d", &num 4. &score 5. ② 6. ① 7. ③ 8. ④ 9. ② 10. ③

CHAPTER 07

홀짝 게임 만들기

학습목차

1. 서식 문자(%p, %X, %x)
2. 자리 이동 연산자(〈〈 왼쪽, 〉〉 오른쪽)
3. 관계 연산자 ==
4. 예제 풀이
5. 홀짝 게임 만들기

학습목표

- 서식 문자, 자리 이동 연산자, 관계 연산자에 대해 설명할 수 있다.
- 홀짝 게임을 직접 만들 수 있다.

1. 서식 문자(%p, %X, %x)

1) %p 서식 문자

%p는 변수의 주소를 16진수로 표시하는 서식 문자이다. 변수 이름 앞에 &를 붙이면 변수의 주소를 알려준다. &a는 변수 a의 주소를 알려주고 &b는 b의 주소를 알려준다. 주소는 프로그램을 실행할 때마다 컴퓨터가 자동으로 지정하기 때문에 매번 달라질 수 있다.

printf("%d %d\n", a, b) ;은 변수 a와 변수 b에 입력된 데이터를 출력하기 때문에 10 20이 출력된 것이고, printf("%p %p\n", &a, &b) ;에서 &a은 a의 주소를 &b는 b의 주소를 의미한다.

000000000062FE1C 000000000062FE18은 각각 a와 b의 주소를 출력한 것이다. 16자리가 있고 16진수는 2진수 4자리에 해당하므로 총 64비트 주소 체계를 사용하고 있다는 것을 알 수 있다.

```
#include <stdio.h>
int main( )
{
   int a = 10, b = 20;
   printf("%d %d\n", a, b) ;
   printf("%p %p\n", &a, &b) ;
   return 0;
}
```

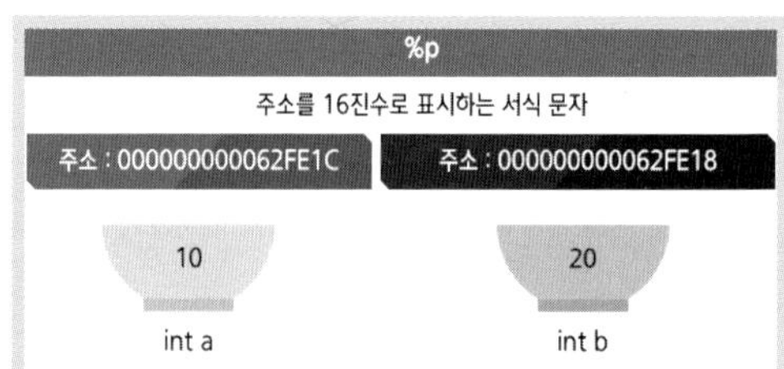

[결과 보기]

```
10 20
000000000062FE1C 000000000062FE18
```

2) %x, %X 서식 문자

%x는 16진수 소문자로 %X는 16진수 대문자로 출력하는 서식 문자이다.

printf(“%d %d\n”, a, b) ;에서는 a와 b에 입력된 데이터를 10진수로 출력하여 10 20을 출력한다.

printf(“%X %x\n”, a, b) ;에서는 a에 입력된 데이터를 16진수 영문 대문자로 출력하게 되어 A가 출력되고, b에는 10진수 20이 입력되어 있는데, 20을 16진수로 변환하게 되면 14이므로 14가 출력되었다.

printf(“%p %p\n”, &a, &b) ;에서는 변수 a와 변수 b의 주소를 출력한다.

```
#include <stdio.h>
int main( )
{
   int a = 10, b = 20;
   printf(“%d %d\n”, a, b) ;
   printf(“%X %x\n”, a, b) ;
   printf(“%p %p\n”, &a, &b) ;
   return 0;
}
```

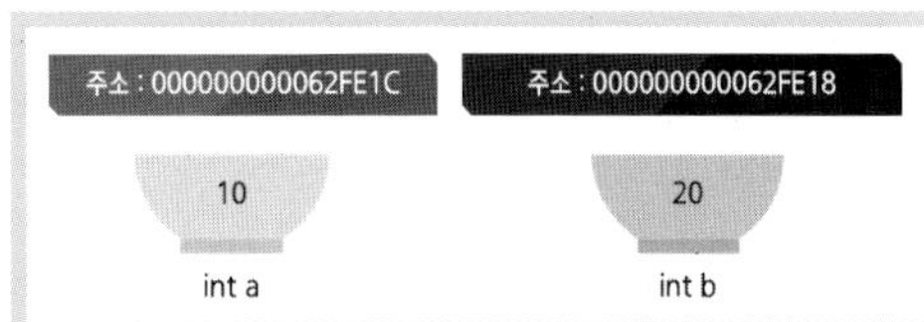

[결과 보기]

```
10 20
A 14
000000000062FE1C 000000000062FE18
```

3) << 왼쪽으로 자리 이동 연산자

연산자(<<)는 왼쪽으로 자리 이동 연산자이고 숫자만큼 왼쪽으로 자리 이동하게 된다. 왼쪽으로 1비트씩 자리 이동할 때마다 2를 곱한 값이 된다. 데이터가 이동한 후 빈자리는 0으로 채워지게 된다. 5를 왼쪽으로 한 칸씩 이동할 때마다 2가 곱해지는 것을 다음 프로그램에서 알 수 있다.

```
#include <stdio.h>
int main( )
{
    printf("%d \n", 5<<0) ;
    printf("%d \n", 5<<1) ;
    printf("%d \n", 5<<2) ;
    printf("%d \n", 5<<3) ;
    printf("%d \n", 5<<4) ;
    return 0;
}
```

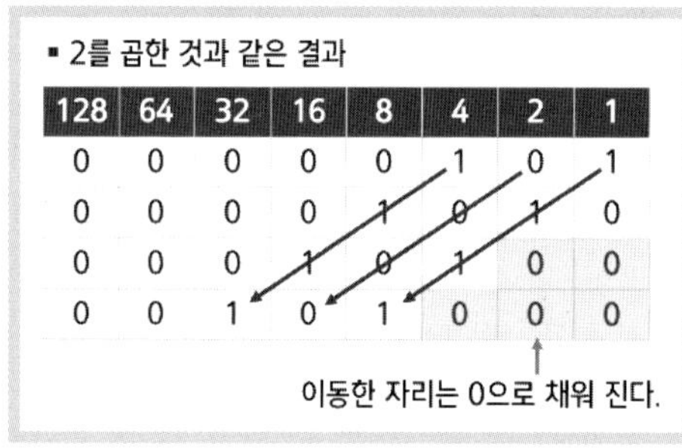

[결과 보기]

```
5
10
20
40
80
```

4) >> 오른쪽으로 자리 이동 연산자

연산자(>>)는 오른쪽으로 자리 이동 연산자이고 숫자만큼 오른쪽으로 자리 이동하게 된다. 오른쪽으로 1비트씩 자리 이동할 때마다 2로 나눈 몫이 된다. 데이터가 이동한 후 빈자리는 0으로 채워지게 된다. 오른쪽 끝자리가 1(홀수)인 경우 데이터 손실이 발생하게 된다.

```
#include <stdio.h>
int main( )
{  printf("%d \n", 25 >> 0) ;
   printf("%d \n", 25 >> 1) ;
   printf("%d \n", 25 >> 2) ;
   printf("%d \n", 25 >> 3) ;
   printf("%d \n", 25 >> 4) ;
   return 0;
}
```

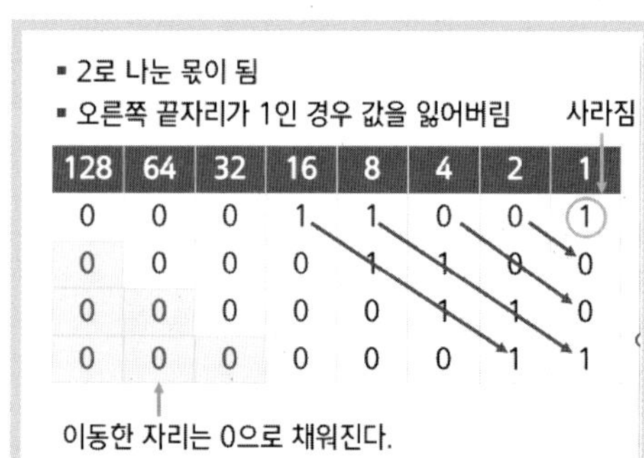

[결과 보기]

```
25
12
6
3
1
```

5) 관계 연산자(== , !=)

두 데이터가 같을 때 참이고 다를 때 거짓인 관계 연산자는 (==)이다. 반대로 두 데이터가 같은 때 거짓을 다를 때 참인 관계 연산자는 (!=)이다. 간혹 대입 연산자 (=)와 혼동하여 에러를 발생시키는 경우가 많으므로 주의해야 한다.

a와 b를 비교해서 두 변수의 데이터가 같으면 "같다."를 출력하고 두 변수의 데이터가 다르면 "다르다."를 출력하는 프로그램은 다음과 같다.

```
#include <stdio.h>
int main( )
{  int a = 10, b = 20 ;
   if(a == b)
      printf("같다. \n") ;
   else
      printf("다르다.\n") ;
   return 0;
}
```

▪ 두 변수가 같으면 참을 반환하고, 다르면 거짓을 반환함

=	==	!=
대입 연산자	관계 연산자(같음)	관계 연산자(다름)

[결과 보기]

```
다르다.
```

2. 동전을 지폐로 바꾸는 프로그램

영철이는 일 년 동안 돼지 저금통에 저금을 했다. 세어보니 187,652원이었다. 은행에서 5만 원, 1만 원, 5천 원, 1천 원 지폐로 바꾸었다. 5만 원, 1만 원, 5천 원, 1천 원은 각각 몇 장이고, 나머지 동전은 얼마가 남았을까?

1) 5만원 지폐 계산하기

변수가 int인 경우 나눗셈 연산(/)은 몫이 출력되는 것을 이용한다. 바꾸려는 money = 187652이다.

int m_50000 = money/50000 ;에서 money를 50000으로 나눈 몫이 계산되고 이 값이 5만 원 지폐의 수가 된다.

money = money%50000 ; 에서 계산은 = 의 오른쪽이 먼저 실행된다. money = 187652를 가져와서 50000으로 나눈 나머지를 계산한 결과는 37652이고 이 데이터를 다시 변수 money에 대입하게 된다.

```
#include <stdio.h>
int main( )
{
   int money = 187652 ;
   int m_50000 = money/50000 ;
   money = money%50000 ;
   printf("5만원 지폐 %d 장\n",m_50000) ;
   printf("5만원 지폐를 뺀 나머지 돈 %d 원입니다. \n",money) ;
   return 0;
}
```

[결과 보기]

```
5만원 지폐 3 장
5만원 지폐를 뺀 나머지 돈 37652 원입니다.

● money = 187652 ;
● 5만 원 지폐 수 = money / 50000 = 3
● 5만 원 지폐 3장을 빼고 남은 나머지 돈        money%5000 = 37652
```

2) 1만원 지폐 계산하기

money = 37652이고 변수가 int인 경우 나눗셈 연산(/)은 몫이 출력되는 것을 이용한다. int m_10000 = money/10000 ;에서 money를 10000으로 나눈 몫이 계산되고 이 값이 1만원 지폐의 수가 된다.

money = money%10000 ; 에서 계산은 = 의 오른쪽이 먼저 실행된다. money = 37652를 가져와서 10000으로 나눈 나머지를 계산한 결과는 7652이고 이 데이터를 다시 변수 money에 대입하게 된다.

```
#include <stdio.h>
int main( )
{
   int money = 37652 ;
   int m_10000 = money/10000 ;
   money = money%10000 ;
   printf("1만원 지폐 %d 장 \n",m_10000) ;
   printf("1만원 지폐를 뺀 나머지 돈 %d 원입니다. \n", money) ;
   return 0;
}
```

[결과 보기]

```
1만원 지폐 3 장
1만원 지폐를 뺀 나머지 돈 7652 원입니다.
```

- money = 37652 ;
- 1만 원 지폐 수 = money /10000 = 3
- 1만 원 지폐 3장을 빼고 남은 나머지 돈 money%10000 = 7652

3) 5천원 지폐 계산하기

money = 7652이고 변수가 int인 경우 나눗셈 연산(/)은 몫이 출력되는 것을 이용한다. int m_5000 = money/5000 ;에서 money를 5000으로 나눈 몫이 계산되고 이 값이 5천원 지폐의 수가 된다.

money = money%5000 ; 에서 계산은 = 의 오른쪽이 먼저 실행된다. money = 7652를 가져와서 5000으로 나눈 나머지를 계산한 결과는 2652이고 이 데이터를 다시 변수 money에 대입하게 된다.

```
#include <stdio.h>
int main( )
{
   int money = 7652 ;
   int m_5000 = money/5000 ;
   money = money%5000 ;
   printf("5천원 지폐 %d 장\n",m_5000) ;
   printf("5천원 지폐를 뺀 나머지 돈 %d 원입니다. \n", money) ;
   return 0;
}
```

[결과 보기]

```
5천원 지폐 1 장
5천원 지폐를 뺀 나머지 돈 2652 원입니다.
```

4) 1천원 지폐 계산하기

money = 2652이고 변수가 int인 경우 나눗셈 연산(/)은 몫이 출력되는 것을 이용한다. int m_1000 = money/1000 ;에서 money를 1000으로 나눈 몫이 계산되고 이 값이 1천원 지폐의 수가 된다.

money = money%1000 ; 에서 계산은 = 의 오른쪽이 먼저 실행된다. money = 2652를 가져와서 1000으로 나눈 나머지를 계산한 결과는 652이고 이 데이터를 다시 변수 money에 대입하게 된다.

```
#include <stdio.h>
int main( )
{
   int money = 2652 ;
   int m_1000 = money/1000 ;
   money = money%1000 ;
   printf("1천원 지폐 %d 장\n",m_1000) ;
   printf("1천원 지폐를 뺀 나머지 돈 %d 원입니다. \n",money) ;
   return 0;
}
```

[결과 보기]

```
1천원 지폐 2 장
1천원 지폐를 뺀 나머지 돈 652 원입니다.
```

- money = 2652 ;
- 1천원 지폐 수 = money /1000 = 2
- 1천원 지폐 2장을 빼고 남은 나머지 돈   money%1000 = 652

5) scanf( ) 함수를 이용하기

scanf( ) 함수를 이용하여 사용자가 지폐로 바꿀 금액을 입력한 후에 계산하는 프로그램을 완성하기로 한다. scanf( ) 함수를 이용하여 money를 입력받는 방법은 다음과 같다.

```
int money = 0 ;
printf("바꾸고 싶은 돈의 액수를 입력하세요. \ n") ;
scanf("%d", &money) ;
```

완성한 지폐 교환 프로그램은 다음과 같다.

```
#include <stdio.h>
int main( )
{
   int money = 0 ;
   printf("바꾸고 싶은 돈의 액수를 입력하세요. \n") ;
   scanf("%d", &money) ;
   int m_50000 = money/50000 ;
   money = money%50000 ;
   printf("5만원 지폐 %d 장\n",m_50000) ;
   int m_10000 = money/10000 ;
   printf("1만원 지폐 %d 장\n",m_10000) ;
   int m_5000 = money/5000 ;
   money = money%5000 ;
   printf("5천원 지폐 %d 장\n",m_5000) ;
   int m_1000 = money/1000 ;
   printf("1천원 지폐 %d 장\n",m_1000) ;
   money = money%1000 ;
   printf("지폐를 뺀 나머지 동전은 %d 원입니다. \n",money) ;
   return 0;
}
```

money에 568469를 입력한 후 프로그램 실행 결과는 다음과 같다.

[결과 보기]

```
바꾸고 싶은 돈의 액수를 입력하세요.
568469
5만원 지폐 11 장
1만원 지폐 1 장
5천원 지폐 3 장
1천원 지폐 3 장
지폐를 뺀 나머지 동전은 469 원입니다.
```

3. 홀짝 게임 만들기

컴퓨터가 임의의 정수를 만들고, 사용자가 홀수면 1, 짝수면 2를 입력해서 컴퓨터가 만든 임의의 수가 짝수인지 홀수인지를 맞추는 프로그램을 만들어 보기로 한다.

1) 짝수 홀수 구별하기

2로 나누어서 나머지가 0인 경우에는 짝수이고 나머지가 1인 경우에는 홀수이다.

1단계 1단계 - 짝수, 홀수 구별하기

짝수	홀수
▪ 2로 나누어서 나머지가 0인 경우	▪ 2로 나누어서 나머지가 0이 아닌 경우

다음은 변수 number = 152일 때 number가 짝수인지 홀수인지를 판별하여 "짝수입니다." 를 출력하는 프로그램이다.

```
#include <stdio.h>
int main( )
{
   int number = 152 ;
   if(number%2 == 0) printf("짝수입니다.\n") ;
   else printf("홀수입니다. \n") ;
   return 0;
}
```

[결과 보기]

```
짝수입니다.
```

2) 임의의 수(랜덤 수) 발생하기

랜덤 수를 발생시키는 코드는 다음과 같다. 여기서는 실행할 때마다 새로운 랜덤 숫자가 발생하는 방법만 알아보도록 한다.

```
#include <stdio.h>
#include <time.h>
int main( )
{
   srand(time(0)) ;
   int number = rand( ) ;
   printf("%d\n", number) ;
   return 0;
}
```

[실행 결과]

```
14463
```

3) 컴퓨터가 발생한 랜덤 숫자가 홀수인지 짝수인지 판별하기

랜덤 변수 number을 2로 나누고 나머지가 0인 경우 "짝수입니다."를 출력하고 그렇지 않은 경우에는 "홀수입니다."를 출력하는 프로그램은 다음과 같다.

```
#include <stdio.h>
#include <time.h>
int main( )
{
   srand(time(0)) ;
   int number = rand( ) ;
   printf("%d\n", number) ;
   if(number%2 == 0) printf("짝수입니다. \n") ;
   else printf("홀수입니다. \n") ;
   return 0;
}
```

[실행 결과]

```
15162
짝수입니다.
```

4) robot 변수 지정하기

number가 짝수인 경우 robot = 2, 홀수인 경우 robot = 1을 지정하는 프로그램은 다음과 같다.

```
#include <stdio.h>
#include <time.h>
int main( )
{
   srand(time(0)) ;
   int robot = 0 ;
   int number = rand( ) ;
   if(number%2 == 0) robot = 2 ;
   else robot = 1 ;
   printf("number = %d , robot = %d \n", number, robot) ;
   return 0;
}
```

[실행 결과]

```
number = 20145 , robot = 1
```

5) 홀짝 게임 완성하기

"홀수면 1을 짝수면 2를 입력하세요."를 출력한 후 키보드로부터 변수 minus에 1 또는 2를 입력받고, robot과 minsu가 같으면 "민수가 이겼다." robot과 minsu가 다르면 "로봇이 이겼다."를 출력하는 프로그램은 다음과 같다.

```
#include <stdio.h>
#include <time.h>
int main( )
{
   srand(time(0)) ;
   int robot = 0, minsu = 0 ;
   int number = rand( ) ;
   if(number%2 == 0) robot = 2 ;
   else robot = 1 ;
   printf("홀수면 1을 짝수면 2를 입력하세요.\n") ;
   scanf("%d", &minsu) ;
   printf("number = %d , robot = %d , minsu = %d .\n ", number,
   robot, minsu) ;
   if(robot == minsu) printf("민수가 이겼다. .\n ") ;
   else printf("로봇이 이겼다. .\n ") ;
   return 0;
}
```

[실행 결과]

```
홀수면 1을 짝수면 2를 입력하세요.
2
number = 22663 , robot = 1 , minsu = 2
로봇이 이겼다.
```

학습정리

1. 서식 문자(%p, %X, %x)

%p : 주소를 16진수로 표시하는 서식 문자

2. 자리 이동 연산자(〈〈 왼쪽, 〉〉 오른쪽)

<< : 2를 곱한 것과 같은 결과이다.

>> : 2로 나눈 몫이 된다.

3. 관계 연산자(==, !=)

== : 같다

!= : 다르다

4. 홀짝 게임 만들기

```
#include <stdio.h>
#include <time.h>
int main( )
{
   srand(time(0)) ;
   int robot = 0, minsu = 0 ;
   int number = rand( ) ;
   if(number%2 == 0) robot = 2 ;
   else robot = 1 ;
   printf("홀수면 1을 짝수면 2를 입력하세요.\n") ;
   scanf("%d", &minsu) ;
   printf("number = %d , robot = %d , minsu = %d .\n ", number,
   robot, minsu) ;
   if(robot == minsu) printf("민수가 이겼다. .\n ") ;
   else printf("로봇이 이겼다. .\n ") ;
   return 0;
}
```

연습문제

1. 다음 중 주소를 출력하는 서식 문자는?

① %p　　② %P

③ %g　　④ %f

2. 다음 프로그램의 실행 결과는?

```
#include <stdio.h>
int main( )
{
   printf("%d \n", 7<<2) ;
   return 0;
}
```

① 7　　② 14

③ 49　　④ 28

3. 다음 프로그램의 실행 결과는?

```
#include <stdio.h>
int main( )
{
   int a = 10, b = 20 ;
   if(a == b)
      printf("컴퓨터\n") ;
   else
      printf("핸드폰\n") ;
   return 0;
}
```

① 10　　② 20

③ 핸드폰　　④ 컴퓨터

4. 다음 프로그램의 실행 결과는?

```
#include <stdio.h>
int main( )
{
   int money = 274632 ;
   int m_50000 = money/50000 ;
   money =  money%50000 ;
   printf("%d\n",m_50000 ) ;
   return 0;
}
```

① 5　　② 24632
③ 32　　④ 27

5. 다음은 랜덤 변수를 발생시켜 출력하는 프로그램이다. (코딩)에 적당한 것은?

```
#include <stdio.h>
#include <time.h>

int main( )
{
   srand(코딩) ;
   int number = rand( ) ;
   printf("%d\n", number) ;
   return 0;
}
```

① time( )　　② number( )
③ time(0)　　④ random.h

6. 다음 프로그램의 실행 결과는?

```
#include <stdio.h>
int main( )
{
   printf("%d \n", 7>>2) ;
   return 0;
}
```

① 1 ② 3
③ 14 ④ 28

7. 다음 중 같음을 나타내는 연산자는?

① = ② !=
③ == ④ %

정답 1. ① 2. ④ 3. ③ 4. ① 5. ③ 6. ① 7. ③

CHAPTER 08

자바의 개념

학습목차

1. 객체지향과 절차지향
2. 객체(Object)
3. 클래스(Class)
4. 상속(Inheritance)
5. 캡슐화(Encapsulation)
6. 메시지(Message)
7. 다형성(Polymorphism)
8. 객체지향의 개념과 자바 프로그램

학습목표

- 객체지향에 대해 설명할 수 있다.
- 객체, 클래스, 상속에 대해 설명할 수 있다.
- 캡슐화, 메시지, 다형성에 대해 설명할 수 있다.

1. 객체지향과 절차지향

객체지향의 배경은 소프트웨어 모듈의 재사용과 독립성을 강조한다. 객체는 효율적인 정보 관리를 위하여 의미를 부여하고 분류하는 개념적인 단위이다. 사전적인 객체의 정의가 이해하기 어렵다면 간단하게 객체는 "홍길동"이다라고 이해하면 된다. 객체는 클래스로부터 생성되다는 점만 기억하고 다시 설명하기로 한다. 절차지향은 데이터의 구조와 그 데이터를 변화시키는 알고리즘으로 구성되어 있다. 대표적인 절차지향 언어로는 C 언어가 있다. 객체지향 언어는 객체들이 메시지를 통하여 통신함으로써 원하는 결과를 얻는다. 각 객체는 고유의 데이터와 데이터를 처리할 수 있는 메소드로 구성되어 있다.

객체지향의 배경

- 소프트웨어 모듈의 재사용과 독립성 강조

객체

- 효율적인 정보 관리를 위하여 의미를 부여하고 분류하는 개념적인 단위

객체지향(Object-Oriented)

- 객체들이 메시지(Message)를 통하여 통신함으로써 원하는 결과를 얻음
- 각 객체는 고유의 데이터와 데이터를 처리할 수 있는 메소드로 구성

절차지향(Procedural-Oriented)

- 데이터 구조와 그 데이터를 변화시키는 알고리즘으로 구성

객체지향

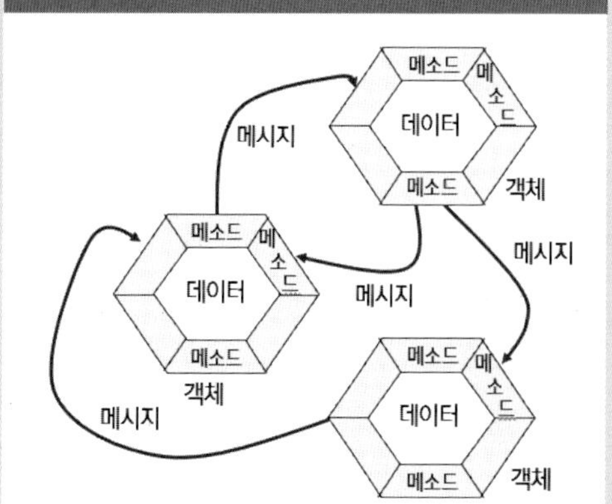

절차지향

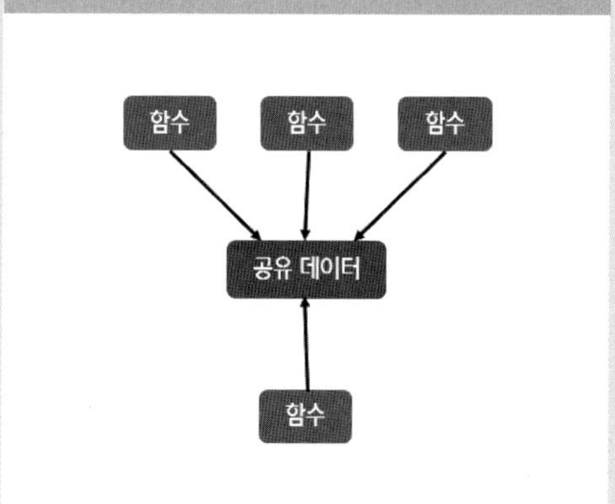

2. 객체

객체는 효율적으로 정보를 관리하기 위하여, 사람들이 의미를 부여하고 분류하는 논리적인(개념적인) 단위이다. 실 세계에 존재하는 하나의 단위에 대한 소프트웨어적 표현이다. 객체는 클래스로부터 만들어진다. 이해하기 쉽게 축구팀 박지석이라면 축구팀이라는 클래스에 속해 있는 박지석이라는 객체로 이해하면 좋다. 객체의 구성은 속성 값을 나타내는 데이터(필드)와 데이터를 변경하거나 조작할 수 있는 메소드(Method)로 구성되어 있다. 객체 박지성의 등번호는 10번이고 포지션은 미드필더라면 이것이 객체의 고유한 데이터가 되는 명사 개념이다. 데이터를 변경하거나 조작할 수 있는 메소드는 축구팀 박지석 패스하다 또는 수비하다이다. 즉, 메소드는 데이터를 변경하는 동사 개념이다.

객체(Object)

- 효율적으로 정보를 관리하기 위하여, 사람들이 의미를 부여하고 분류하는 논리적인(개념적인) 단위
- 실 세계에 존재하는 하나의 단위에 대한 소프트웨어적 표현

예 축구팀 박지석, 축구팀 안종환, 야구팀 박찬오, 야구팀 이송엽

《 객체의 구성 》

속성의 값을 나타내는 데이터(Data) : 필드(Field)	데이터를 변경하거나 조작할 수 있는 메소드(Method)로 구성
▪ 박지석 등번호 10번, 포지션 미드필드 ▪ 박찬오 등번호 63번, 포지션 투수	▪ 축구팀 박지석 패스하다, 수비하다 ▪ 야구팀 박찬오 투구하다, 공격하다

객체는 프로그래머에 의해 모델링된다. 객체는 데이터(속성)과 메소드를 가지고 있다는 것을 꼭 기억하기로 한다.

객체의 예

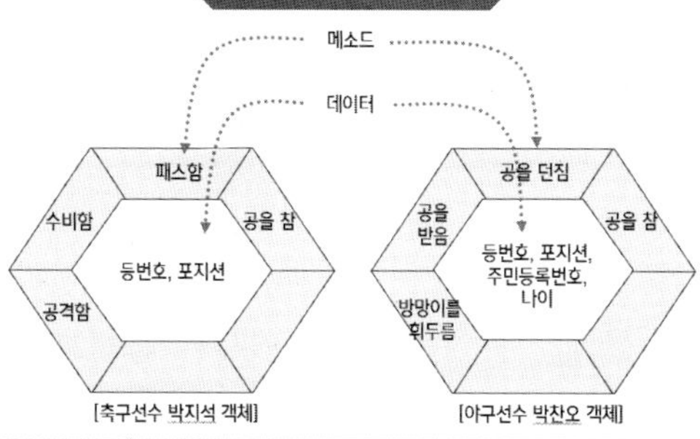

객체는 프로그래머에 의해 모델링됨

3. 클래스

클래스는 객체를 생성하는 형판(Template)이다. 객체는 항상 클래스로부터 만들어진다. 붕어빵은 붕어빵 틀에서 만들어진다. 비유하면 붕어빵 틀은 클래스이고 붕어빵은 객체가 되는 것이다. 클래스에는 두 개의 구성 요소인 자료 구조(필드)와 연산(메소드)이 있다. 클래스로부터 생성된 객체를 Instance라고 한다. 즉, 객체는 Instance인 것이다. 중요한 것은 객체지향 프로그래밍의 시작은 클래스를 만드는 것이다. 이를 붕어빵에 비유해 본다면, 붕어빵 틀이 없는데 어떻게 붕어빵을 만들 수 있겠는가? 먼저 객체를 만들 클래스를 만든 후 그 클래스로부터 객체를 생성한다. 정보처리의 주체는 클래스가 아니라 객체이고 이 객체를 만들 틀이 클래스인 것이다.

객체는 항상 클래스로부터 생성(클래스는 객체를 생성하는 형판(Template))

클래스는 두 개의 구성 요소(Member)인 자료 구조(필드)와 연산(메소드)을 가짐

클래스로부터 생성된 객체를 Instance라 함(객체 = Instance)

정보처리의 주체는 클래스가 아니라 객체

객체지향 프로그래밍의 시작은 클래스의 생성

클래스를 만든 후 new를 사용해서 객체를 만드는 것은 다음과 같다.

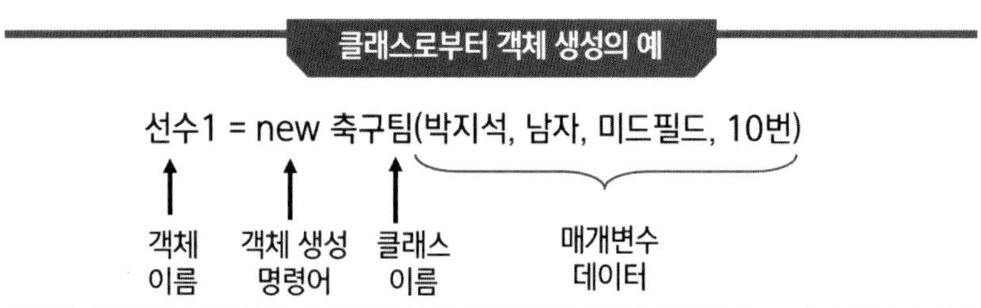

선수1을 축구팀 클래스로부터 매개 변수 데이터(박지석, 남자, 미드필드, 10번)으로 생성하라는 의미이다. 축구팀 클래스는 이름, 성별, 포지션, 등번호의 속성(자료 구조)을 가지고 공격하기, 수비하기, 패스하기의 메소드(연산)를 가졌다고 가정하고 선수1, 선수2, 선수3을 만든다면 다음 그림으로 설명할 수 있다.

☑ 클래스 - 클래스로부터 객체 생성

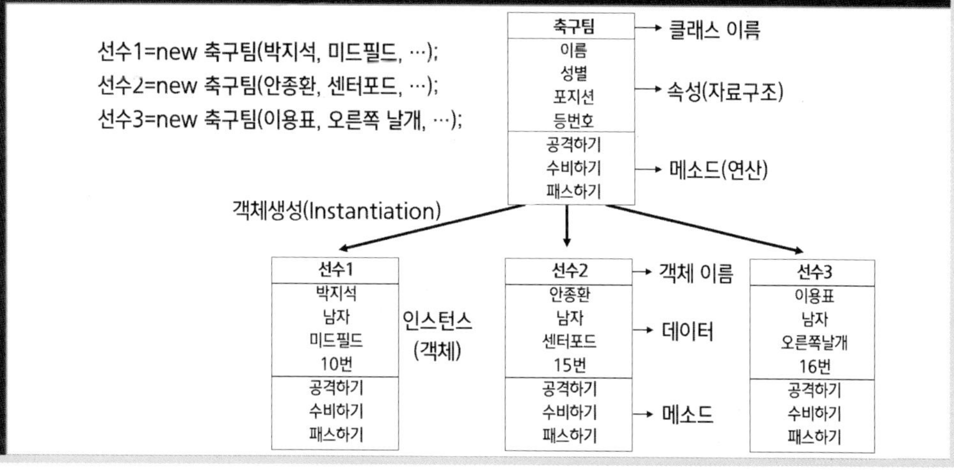

4. 상속

클래스를 상속하여 소프트웨어를 재사용(Reusing)할 수 있다. 하위 계층의 클래스는 상위 계층의 모든 요소를 상속받고 추가적으로 필요로 하는 새로운 자료 구조와 메소드를 더 가질 수 있다. 하위 클래스는 상위 클래스를 확장한 개념이다. 상속 관계의 클래스는 계층 구조를 구성할 수 있다. 예를 들어 아버지 클래스를 아들 클래스가 상속받았다면 아버지 클래스의 모든 자료 구조와 메소드를 아들 클래스가 가지게 되고 필요한 자료 구조와 메소드를 추가할 수 있다.

상속 관계의 클래스	하위 계층의 클래스
▪ 계층 구조를 구성할 수 있음	▪ 상위 계층의 모든 요소를 상속받고 추가적으로 필요로 하는 새로운 자료 구조와 메소드를 더 가짐 ▪ 하위 클래스는 상위 클래스를 확장한 개념

상속 (Inheritance) 소프트웨어의 재사용(Reusing)을 지원

축구팀 클래스는 자료 구조(속성)으로 이름, 성별, 학과, 학년이 있고 메소드로 공차기, 수비하기, 공격하기가 있고 이것을 야구팀이 상속받았다면 축구팀의 모든 자료 구조와 메소드를 사용할 수 있다. 그리고 야구팀에서 필요한 주민번호 속성과 공던지기 메소드를 추가하여 사용하는 개념이다. 그림으로 그려 설명하면 다음과 같다.

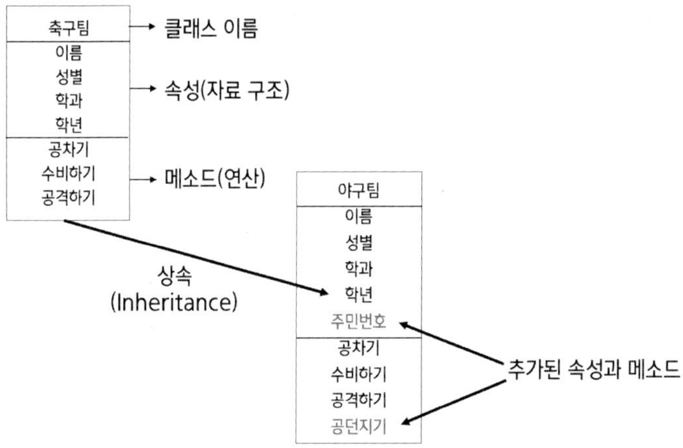

새로운 클래스를 생성할 때 기존의 클래스의 하위 클래스로 선언할 수 있다. 새로운 클래스에 속성이나 메소드를 추가하여 기존 클래스를 확장할 수 있다. 클래스는 계층 구조를 이루어 만들 수 있다. 상위 클래스에서는 일반화하여 간단한 공통의 속성을 가지고 하위 클래스에서 상위 속성을 상속받아 개별 속성을 추가하여 특수화할 수 있다.

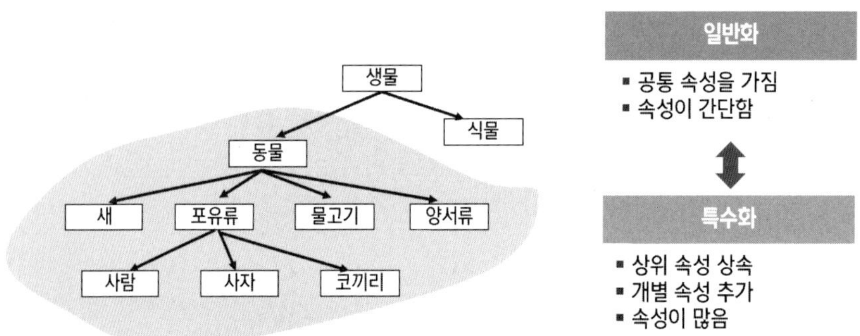

5. 캡슐화

객체를 캡슐화하여 What만 보여주고 How는 감출 수 있다. 객체를 작성할 때 숨겨야 하는 정보는 private로 하고 공개해야 하는 정보는 public으로 선언할 수 있다. 객체의 사용자는 기능만 알고 사용하며 어떻게 처리되는지는 은폐(Information Hiding)할 수 있다.

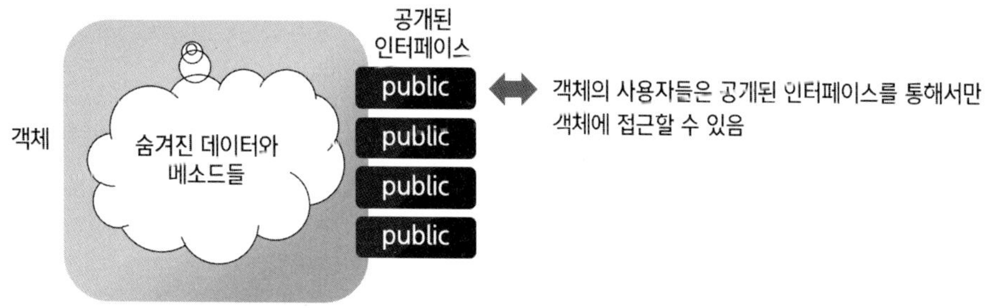

캡슐화의 장점은 다음과 같다.

- 객체에 포함된 정보의 손상과 오용을 막을 수 있음
- 객체 조작 방법이 바뀌어도 사용 방법은 바뀌지 않음
- 데이터가 바뀌어도 다른 객체에 영향을 주지 않아 독립성이 유지됨
- 처리된 결과만 사용하므로 객체의 이식성이 좋음
- 객체를 부품화할 수 있어 새로운 시스템의 구성에 부품처럼 사용할 수 있음

6. 메시지(Message)

메시지(Message)는 객체에게 일을 시키는 행위로 메시지의 세 가지 요소는 메시지를 받을 객체의 이름(주소), 송신 객체가 실행을 원하는 수신 객체의 메소드 이름, 실행을 원하는 메소드에 전달할 매개 변수 등 3가지 요소로 구성된다.

객체의 속성이나 메소드를 사용하려면 . 을 사용한다. 다음은 객체의 속성과 메소드를 사용하는 예이다.

박지석.등번호 ;

박지석.공격하다( ) ;

클래스 축구팀의 구조

```
자료 구조
int   등번호;
String 포지션;
String 이름;

void 이동하다(int x, int y);
void 패스하다(int 등번호);
void 공격하다();
void 수비하다();
```

Point 객체의 메소드 호출

```
public class 축구 경기 {
축구팀  박지석;
  public static void main(String args[])
  {
    박지석 = new 축구팀(); // 객체의 생성
    박지석.이동하다(10,20); // 메시지 사용
    박지석.공격하다( );
    박지석.수비하다( );
  }
}
```

7. 다형성(Polymorphism)

다형성은 "One Interface, Multiple Implementation"으로 하나의 인터페이스를 사용하여 다양한 구현 방법을 제공한다는 것이다. 다형성은 다양한 변신을 뜻한다.

Polymorphism = 다양한(Poly) + 변신(Morphism)

상속 관계에서 객체의 생성에 대해 설명한다. 그림과 같이 대한민국 클래스를 상속받은 축구팀, 대한민국 클래스를 상속받은 야구팀, 대한민국 클래스를 상속받은 농구팀이 있다면 대한민국 클래스에 있는 박지석 객체는 축구팀 클래스로부터 생성할 수 있다. 이것은 대한민국 클래스를 축구팀이 상속한 상태이므로 대한민국의 모든 속성과 메소드를 축구팀이 가지고 있기 때문이다.

그렇다면 농구팀 클래스의 현주협 객체를 대한민국 클래스로부터 생성할 수 있을까? 농구팀 클래스의 현주협 객체를 대한민국 클래스로부터 생성할 수 없는데 그 이유는 농구팀 클래스의 속성과 메소드에는 대한민국 클래스에 포함되지 않는 속성과 메소드가 있기 때문이다.

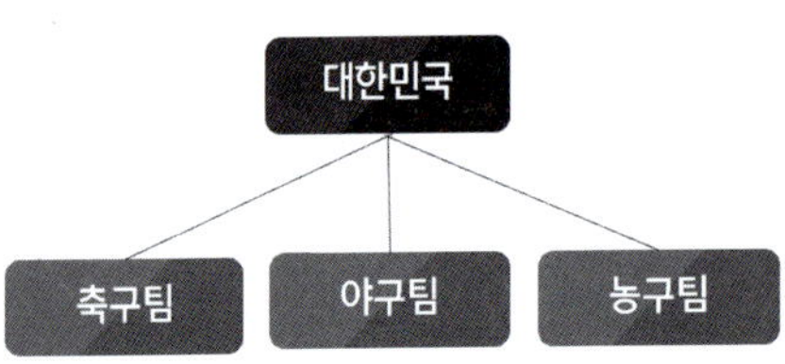

대한민국 박지석 = new 축구팀(); → (O)

- 상위 클래스 타입의 객체 변수에 하위클래스에서 생성된 객체 할당

농구팀 현주협 = new 대한민국(); → (X)

- 하위 클래스 타입의 객체 변수에 상위 클래스에서 생성된 객체 할당 불가

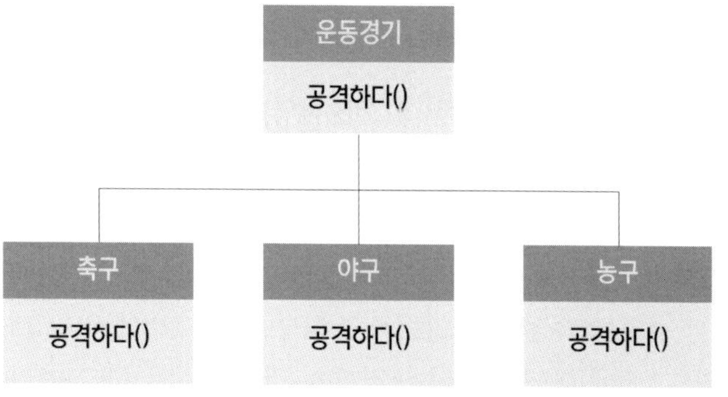

다형성을 설명하기 위해 운동경기 클래스에 공격하다() 메소드와 이를 상속받은 축구 클래스의 공격하다() 메소드, 운동경기 클래스에 공격하다() 메소드와 이를 상속받은 야구 클래스의 공격하다() 메소드, 그리고 운동경기 클래스에 공격하다() 메소드와 이를 상속받은 농구 클래스의 공격하다() 메소드에 대해 알아보자.

운동경기 A ; 는 상위 클래스 타입의 객체 변수 A를 선언하는 것이고 A = new 축구( );는 상위 클래스의 객체 변수 A에 축구 클래스의 객체를 생성하여 할당하는 것이다.

A.공격하다(); 는 축구 클래스에 기술된 공격하다() 메소드를 수행하여 선언된 동작을 수행하는 것이다. 그리고 A = new 농구( );는 상위 클래스의 객체 변수 A에 농구 클래스의 객체를 생성하여 할당하는 것이다. 여기서 A.공격하다( )는 메소드는 농구 클래스에 기술된 공격하다() 메소드를 수행하여 선언된 동작을 수행하게 된다.

상위 클래스에서 선언된 공격하다() 메소드는 할당되는 하위 클래스의 객체에 따라 다양한 변신을 시도하여 서로 다른 결과를 나타낸다. 메시지에서 요구한 메소드(공격하다( ))의 매핑을 동적으로 수행한다. 다음과 같이 프로그램 형식으로 정리할 수 있다.

```
운동경기 A; // 상위 클래스 타입의 객체 변수 A 선언
A = new 축구();
// 상위 클래스 타입의 객체 변수 A에 축구 클래스의 객체를 생성하여 할당
A.공격하다();
// 축구 클래스에 기술된 공격하다() 메소드를 수행하여 선언된 동작을 수행함
A = new 농구();
// 상위 클래스 타입의 객체 변수 A에 농구 클래스의 객체를 생성하여 할당
A.공격하다();
// 농구 클래스에 기술된 공격하다() 메소드를 수행하여 선언된 동작을 수행함
```

8. 객체지향의 개념과 자바 프로그램

본격적인 자바 프로그램을 학습하기 전에 기본적인 자바 프로그램의 형식에 대해 알아본다. 축구팀 클래스를 만든다. 축구팀 클래스에는 String 이름, int 등번호, String 포지션이 있고 패스하기() 메소드가 있다고 가정한다. 이것을 자바 프로그램으로 구현하면 다음과 같다. 축구팀 클래스를 만든다. 그리고 축구팀만들기 클래스에서 선수_01 객체를 만들고 축구팀 클래스에서 선언한 속성들을 입력하고 축구팀 클래스에 있는 메소드를 실행한다. 전체적인 자바 프로그램에 대해서는 다음 장에서 학습하기로 하고 여기서는 기본적인 형식만 이해하도록 한다.

```
package ch09;

public class 축구팀 {
   String 이름 ;         // 선수_01.이름
   int 등번호 ;          // 선수_01.등번호
   String 포지션 ;       //선수_01.포지션
                         //선수_01.패스하기( )
   void 패스하기() {
      System.out.println(이름 +"선수 공을 전달했습니다.") ;
   }

}
```

```
package ch09;

public class 축구팀만들기 {

   public static void main(String[] args) {
   축구팀 선수_01 = new 축구팀( ) ; // 축구팀 클래스로부터 선수_01 객체 생성
   선수_01.이름 = "박지석" ;
   선수_01.등번호 = 10 ;
   선수_01.포지션 = "미드필더" ;
```

```
        System.out.println(선수_01.이름 +"의 등번호는 "+ 선수 01.등번호+"번 입니다.") ;

        선수_01.패스하기( ) ;
    }

}
```

[결과 보기]

```
박지석의 등번호는 10번 입니다.
박지석선수 공을 전달했습니다.
```

학습정리

객체지향(Object - Oriented)과 절차지향(Procedural - Oriented)

- 객체들이 메시지(Message)를 통하여 통신함으로써 원하는 결과를 얻음
- 각 객체는 고유의 데이터와 데이터를 처리할 수 있는 메소드로 구성

객체(Object)

- 실 세계에 존재하는 하나의 단위에 대한 소프트웨어적 표현
  예 축구팀 박지석, 축구팀 안종환, 야구팀 박찬오, 야구팀 이송엽

클래스(Class)

- 객체는 항상 클래스로부터 생성(클래스는 객체를 생성하는 형판(Template))
- 클래스는 두 개의 구성 요소(Member)인 자료 구조(필드)와 연산(메소드)을 가짐

상속(Inheritance)

- 하위 계층의 클래스는 상위 계층의 모든 요소를 상속받고 추가적으로 필요로 하는 새로운 자료 구조와 메소드를 더 가짐

캡슐화(Encapsulation)

- 객체의 사용자는 기능만 알고 사용하며 어떻게 처리되는지는 은폐

메시지(Message)

- 객체 이름, 메소드(매개변수)

다형성(Polymorphism)

- 하나의 인터페이스를 사용하여 다양한 구현 방법을 제공

연습문제

1. 다음 중 객체지향 프로그래밍 언어에 대한 설명으로 옳지 않은 것은?
   ① 소프트웨어의 재사용으로 프로그램의 개발 시간을 단축할 수 있다.
   ② 대표적인 객체지향언어로 C++, Java 등이 있다.
   ③ 상속성, 캡슐화, 추상화, 다형성 등의 특징이 있다.
   ④ 순차적인 처리가 중요시되며 프로그램 전체가 유기적으로 연결되도록 작성한다.

2. 다음 중 컴퓨터 소프트웨어의 개발을 위한 객체지향 언어에 관한 설명으로 옳지 않은 것은?
   ① 데이터와 그 데이터를 처리하는 함수를 객체로 묶어서 문제를 해결하는 언어이다.
   ② 상속, 캡슐화, 추상화, 다형성 등을 지원한다.
   ③ 시스템의 확장성이 높고 정보 은폐가 용이하다.
   ④ 대표적인 객체지향 언어로 BASIC, Pascal, C언어 등이 있다.

3. 객체지향 프로그래밍에 대한 설명으로 옳지 않은 것은?
   ① 하나의 클래스를 사용하여 여러 객체를 생성하는데, 각각의 객체를 클래스의 인스턴스(instance)라고 한다.
   ② 객체는 속성(attributes)과 행동(behaviors)으로 구성된다.
   ③ 한 클래스가 다른 클래스의 속성과 행동을 상속(inheritance)받을 수 있다.
   ④ 다형성(polymorphism)은 몇 개의 클래스 객체들을 묶어서 하나의 객체처럼 다루는 프로그래밍 기법이다.

4. 객체에 대한 설명으로 가장 옳지 않은 것은?
   ① 객체는 실세계 또는 개념적으로 존재하는 세계의 사물들이다.
   ② 객체는 공통적인 특징을 갖는 클래스들을 모아둔 것이다.
   ③ 객체는 데이터를 가지며 이 데이터의 값을 변경하는 함수를 가지고 있는 경우도 있다.
   ④ 객체들 사이에 통신을 할 때는 메시지를 전송한다.

5. 객체에 대한 설명으로 틀린 것은?
   ① 객체는 상태, 동작, 고유 식별자를 가진 모든 것이라 할 수 있다.
   ② 객체는 공통 속성을 공유하는 클래스들의 집합이다.
   ③ 객체는 필요한 자료 구조와 이에 수행되는 함수들을 가진 하나의 독립된 존재이다.
   ④ 객체의 상태는 속성값에 의해 정의된다.

6. 객체지향 시스템에서 자료부분과 연산 부분 등 정보 처리에 필요한 기능을 한 테두리로 묶는 것을 의미하는 용어는?

① 정보 은닉 ② 클래스
③ 캡슐화 ④ 통합

7. 객체지향 기법에서 메시지의 전달은 어떻게 이루어지는가?

① 속성에서 속성으로 ② 객체에서 속성으로
③ 객체에서 객체로 ④ 클래스에서 데이터로

8. 객체지향 기법에서 상속의 결과로 얻을 수 있는 가장 중요한 이점은?

① 모듈 라이브러리를 재이용한다.
② 객체지향 데이터베이스를 사용할 수 있다.
③ 클래스와 오브젝트들을 재사용할 수 있다.
④ 프로젝트들을 보다 효과적으로 관리할 수 있다.

9. 객체지향 기법에서 하나 이상의 유사한 객체들을 묶어 하나의 공통된 특성을 표현한 것은?

① 클래스 ② 함수
③ 메서드 ④ 메시지

10. 객체에게 어떠한 행위를 하도록 지시하는 명령은?

① 클래스 ② 인스턴스
③ 오브젝트 ④ 메시지

11. 객체지향 개념에 관한 설명 중 잘못된 것은?

① 객체들 간의 상호작용은 메시지를 통해 이루어진다.
② 클래스는 인스턴스들이 갖는 변수와 인스턴스들이 사용할 메서드를 갖는다.
③ 다중 상속은 2개 이상의 클래스가 한 클래스로부터 상속받는 것을 의미한다.
④ 객체가 갖는 데이터를 처리하는 알고리즘을 연산 또는 메서드라 한다.

12. 객체지향 기법의 캡슐화(Encapsulation)에 대한 설명으로 틀린 것은?

① 인터페이스가 단순화된다.
② 소프트웨어 재사용성이 높아진다.
③ 변경 발생 시 오류의 파급효과가 적다.
④ 상위 클래스의 모든 속성과 연산을 하위 클래스가 물려받는 것을 의미한다.

13. 다음 "야구팀만들기.java" 프로그램의 실행 결과는 무엇인가?

① 홍길순　　② 15
③ 30　　④ 1루수

```
package ch09;

public class 야구팀 {
   String 이름 ;
   int 등번호 ;
   String 포지션 ;
   void 패스하기() {
      System.out.println(이름 +"선수 공을 전달했습니다.") ;
   }
}
```

```
package ch09;
public class 야구팀만들기 {
   public static void main(String[] args) {
      야구팀 선수_01 = new 야구팀( ) ;
      선수_01.이름 = "홍길순" ;
      선수_01.등번호 = 15 ;
      선수_01.포지션 = "투수" ;

      야구팀 선수_02 = new 야구팀( ) ;
      선수_02.이름 = "박길호" ;
      선수_02.등번호 = 30 ;
      선수_02.포지션 = "1루수" ;
      System.out.println(선수_02.등번호) ;
   }
}
```

14. 속성과 관련된 연산(Operation)을 클래스 안에 묶어서 하나로 취급하는 것을 의미하는 객체지향 개념은?

① Inheritance ② Class
③ Encapsulation ④ Association

15. 객체지향 개념 중 하나 이상의 유사한 객체들을 묶어 공통된 특성을 표현한 데이터 추상화를 의미하는 것은?

① Method ② Class
③ Field ④ Message

16. 객체지향 기법에서 같은 클래스에 속한 각각의 객체를 의미하는 것은?

① instance ② message
③ method ④ module

정답 1. ④ 2. ④ 3. ④ 4. ② 5. ② 6. ③ 7. ③ 8. ③ 9. ① 10. ④ 11. ③ 12. ④ 13. ③ 14. ③ 15. ② 16. ①

CHAPTER 09

자바 기본 프로그램의 이해

학습목차

1. 자바와 이클립스 인스톨하기
2. 자바 응용 프로그램 분석
3. 식별자와 예약어
4. 변수와 자료형
5. 형 변환(Casting)

학습목표

- 식별자와 예약어에 대해 설명할 수 있다.
- 변수와 자료형에 대해 설명할 수 있다.
- 형 변환에 대해 설명할 수 있다.

1. 자바와 이클립스 인스톨하기

1) 자바 인스톨하기

다음 주소에서 자바 프로그램(windows x 64 설치 프로그램)를 다운받는다.

```
https://www.oracle.com/java/technologies/javase/jdk19-archive-downloads.html
```

다운받은 프로그램을 더블 클릭해서 인스톨한다.

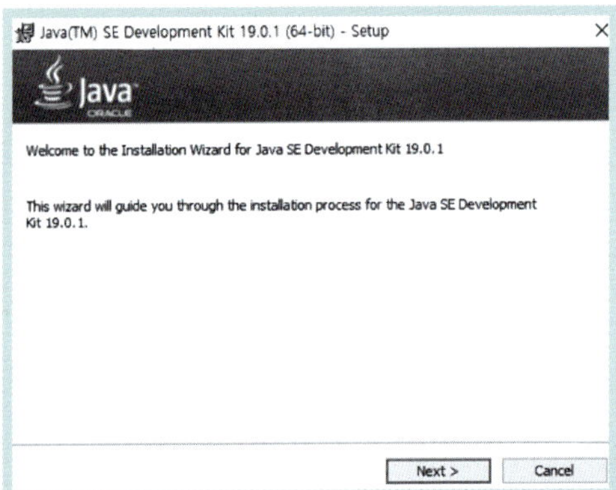

계속 Next를 클릭하면 모든 설치가 완성된다. 설치가 완료되면 C:\Program Files\Java 폴더에 JDK 설치가 완성된다.

2) 이클립스 인스톨하기

다음 주소에서 이클립스 프로그램을 다운받는다.

```
https://www.eclipse.org/downloads/
```

다운받은 프로그램을 더블 클릭해서 인스톨한다.

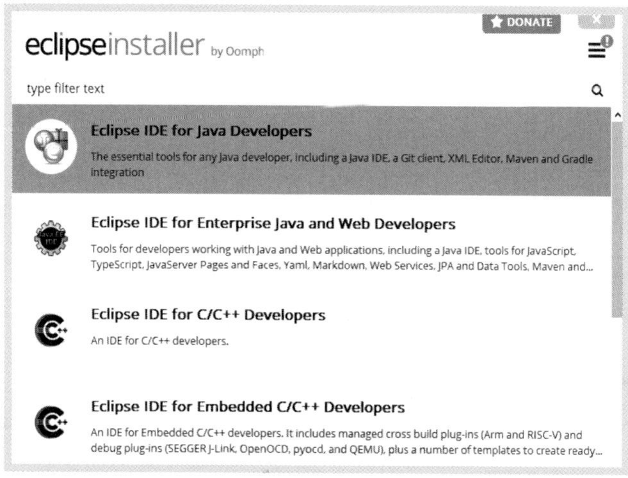
DONATE
eclipseinstaller by Oomph
type filter text
Eclipse IDE for Java Developers
The essential tools for any Java developer, including a Java IDE, a Git client, XML Editor, Maven and Gradle integration
Eclipse IDE for Enterprise Java and Web Developers
Tools for developers working with Java and Web applications, including a Java IDE, tools for JavaScript, TypeScript, JavaServer Pages and Faces, Yaml, Markdown, Web Services, JPA and Data Tools, Maven and...
Eclipse IDE for C/C++ Developers
An IDE for C/C++ developers.
Eclipse IDE for Embedded C/C++ Developers
An IDE for Embedded C/C++ developers. It includes managed cross build plug-ins (Arm and RISC-V) and debug plug-ins (SEGGER J-Link, OpenOCD, pyocd, and QEMU), plus a number of templates to create ready...

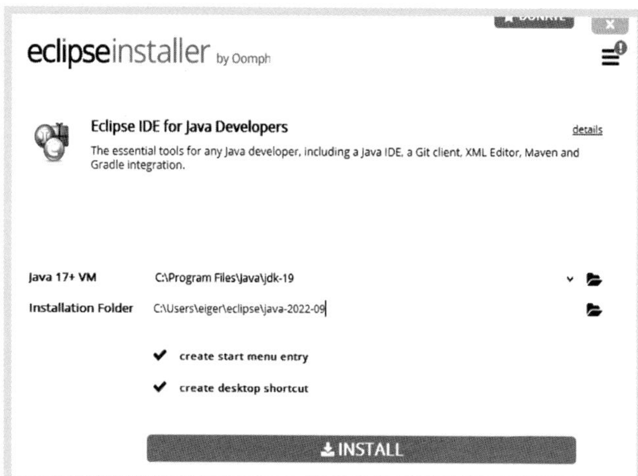
eclipseinstaller by Oomph
Eclipse IDE for Java Developers
details
The essential tools for any Java developer, including a Java IDE, a Git client, XML Editor, Maven and Gradle integration.
Java 17+ VM
C:\Program Files\Java\jdk-19
Installation Folder
C:\Users\eiger\eclipse\java-2022-09
create start menu entry
create desktop shortcut
INSTALL

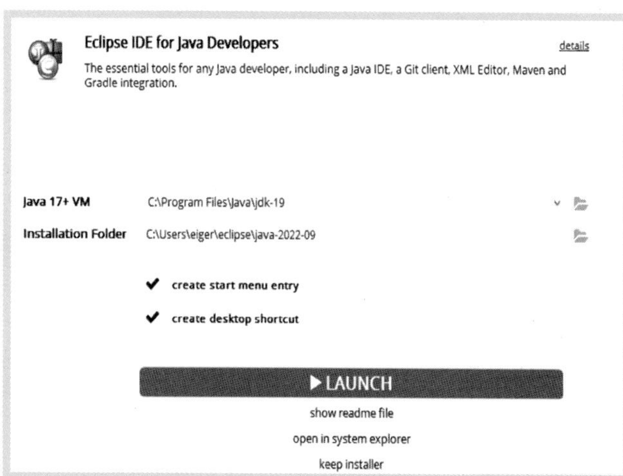
Eclipse IDE for Java Developers
details
The essential tools for any Java developer, including a Java IDE, a Git client, XML Editor, Maven and Gradle integration.
Java 17+ VM
C:\Program Files\Java\jdk-19
Installation Folder
C:\Users\eiger\eclipse\java-2022-09
create start menu entry
create desktop shortcut
LAUNCH
show readme file
open in system explorer
keep installer

이클립스를 실행한다. 계속해서 default로 사용할 폴더를 설정한다. 여기서는 D:\javaprog 폴더를 설정한다.

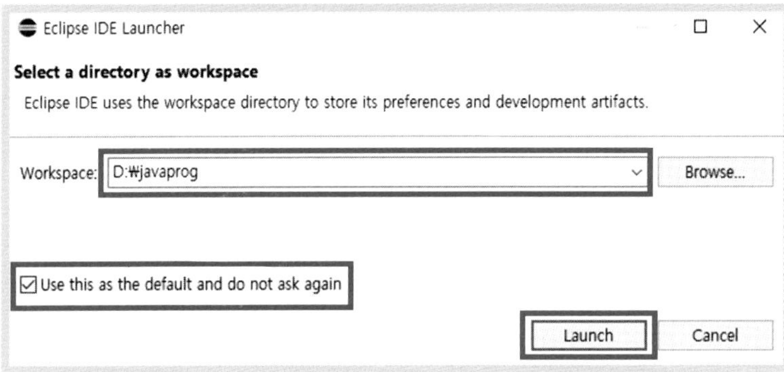

유투브에서 임동균 자바로 검색해서 참조할 수 있다.

```
https://youtu.be/QdNWzlddWFg
```

새로운 자바 프로젝트를 만든다.

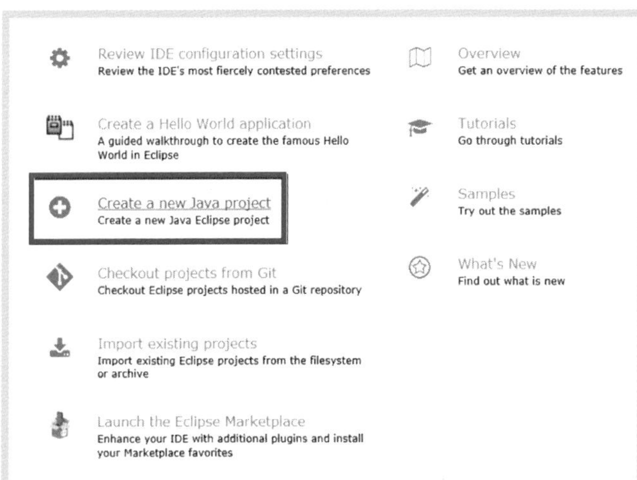

Project name에 testprogram을 입력한 후 Finish를 클릭한다.

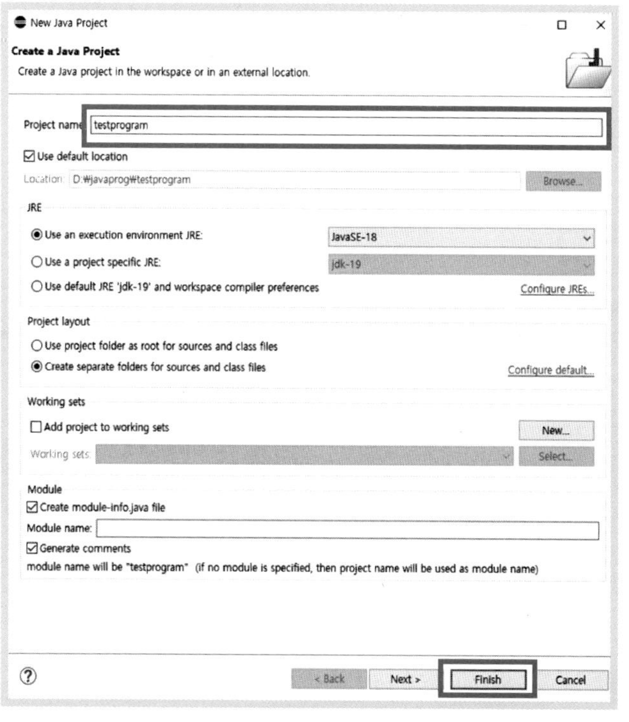

이클립스가 실행되면 File−New−Class를 클릭한다. Java Project를 만들 때 File – New – Java Project를 선택할 수 있다.

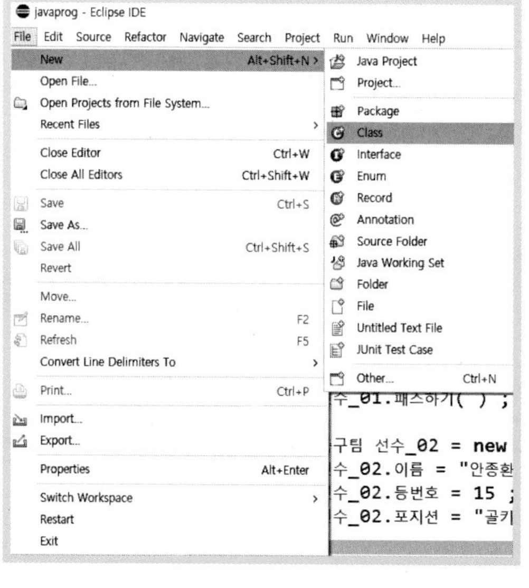

Name에 Test_01을 입력하고 public static void main(String[ ] args)에 체크한 후 Finish를 클릭한다.

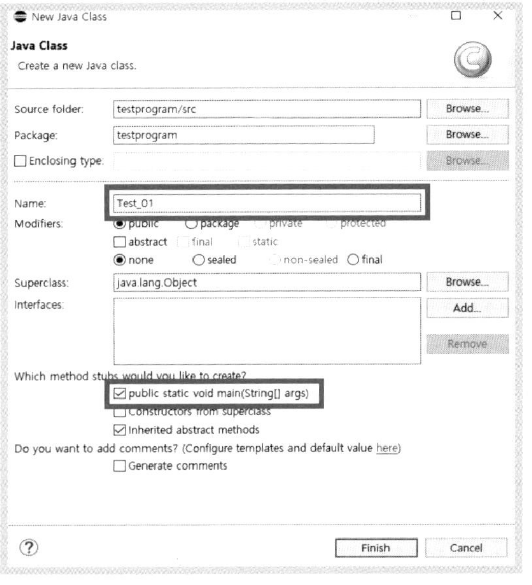

다음과 같이 System.out.println("Hi! Java") ; System.out.println("안녕! 자바") ;를 입력한다. Run 버튼을 클릭하면 출력 창에 Hi! Java 안녕! 자바가 출력되는 것을 볼 수 있다.

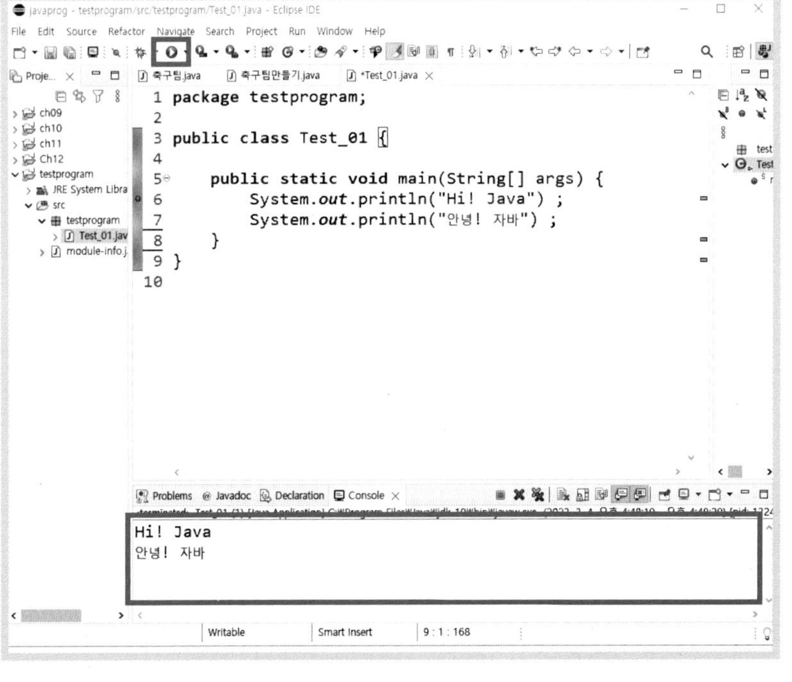

2. 자바 응용 프로그램 분석

1) 자바 주석

자바에서 주석의 시작을 /*로 해서 */로 끝난다. 한 줄 주석은 // 이다. 주석은 설명문으로 프로그램의 실행에는 아무런 지장을 주지 않고 프로그램 안에 참조할 내용을 적어 놓는 것이다.

File – New – Java Project에서 project Name으로 ch10을 입력하고 Finish를 클릭한다. Project Explorer에서 ch10–src–ch10에서 File – New – class에서 Example을 입력하고 public static void main(String[ ] args)에 체크한 후 Finish를 클릭한다. 다음과 같이 입력한다.

```
package ch10;

class Exam {
   int c ;

   public int add(int a, int b) {
      c=a+b ;
      return c ;
   }
}

public class Example {

   public static void main(String[] args) {
      int sum ;

      int x = Integer.parseInt(args[0]) ;
      int y = Integer.parseInt(args[1]) ;

      Exam ob01 = new Exam( ) ; // ob01 객체 생성 클래스 Exam
      sum = ob01.add(x, y) ;

      System.out.println("입력한 값의 합은 "+ sum +" 입니다.") ;

   }

}
```

2) public static void main(String[ ] args)

public static void main(String[ ] args)는 자바 응용 프로그램에 반드시 있어야 하는 특수한 메소드로 C 언어에서 main( )과 같은 역할을 한다.

- 자바 응용 프로그램에 반드시 있어야 하는 특수한 메소드임
- 프로그램의 실행 시 자동으로 실행되는 메소드임
- C나 C++ 언어의 main() 함수와 같은 역할을 수행함
- 일반적으로 자바 응용 프로그램은 main() 메소드 내에서 다른 클래스의 객체를 생성한 다음, 그 객체에 메시지를 보내 원하는 결과를 얻음

main( ) 메소드는 문자열의 배열을 매개 변수(argument)로 받는다.

≫ main() 메소드는 문자열의 배열을 매개변수(argument)로 받음

명령행 매개변수 (command-line argument)	프로그램 실행 시 필요한 정보를 전달하는 매개변수

- 명령행 매개변수들은 입력된 순서에 따라 배열에 저장됨

예제에서는 args[] 배열에 저장된 데이터를 숫자로 사용하기 위해 Integer 클래스의 parseInt( ) 메소드를 사용하여 변환한다. 자바에서 프로그램을 실행할 때 java.exe를 다음과 같이 사용한다.

>> java Example 20 40 여기서 20이 args[0]이고 40이 args[1]인 것이다. 다시 말하면, 명령형 매개 변수에 입력된 20을 정수로 변환해서 x에 입력하고, 명령형 매개 변수에 입력된 40을 정수로 변환해서 y에 입력한다.

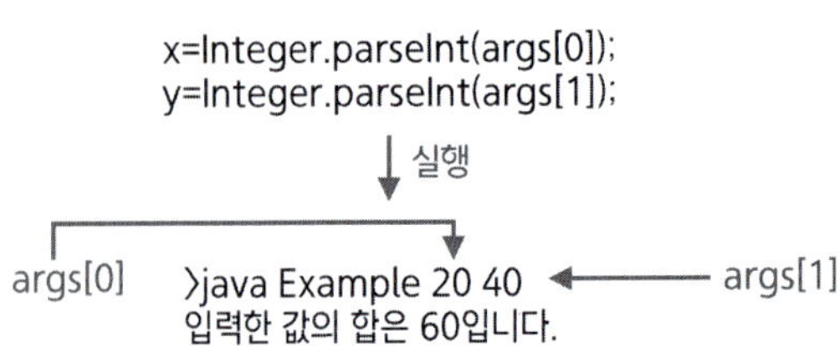

Example 프로그램에서 main( ) 메소드는 Exam 클래스로부터 객체 ob01을 생성한다. 명령행 인자로 입력된 x, y 값을 매개 변수로 하여 ob01 객체의 add( ) 메소드를 수행하라는 메시지를 보낸다. Exam 클래스의 add( ) 메소드는 매개 변수로 받은 두 개의 수를 더하여 결

과를 반환하고, 반환된 값은 sum 변수에 저장된다.

```
Exam ob01=new Exam();
sum=ob01.add(x,y);
```

3) 표준 출력 System.out.println( ) 메소드 사용하기

자바의 입·출력은 다양한 종류의 하드웨어 장치들과 무관하게 설계되어 있다. 표준 출력을 위해 System 클래스와 out 객체, println( ) 메소드를 이용한다. println( ) 메소드는 문자열을 매개 변수로 받아 화면에 출력하는 역할을 한다. 예제의 매개 변수에 사용된 정수형 변수 sum의 값은 문자열로 자동 변환되어 출력된다. C 언어와는 다르게 서식 문자를 지정하지 않아도 자동형으로 변환하여 출력하게 된다.

≫ 자바의 입 · 출력은 다양한 종류의 하드웨어 장치들과 무관하게 설계됨
≫ 표준 출력을 위해 System 클래스와 out 객체, println() 메소드를 이용함
≫ println() 메소드는 문자열을 매개변수로 받아 화면에 출력하는 역할을 함
≫ 예제의 매개변수에 사용된 정수형 변수 sum의 값은 문자열로 자동 변환되어 출력됨

예

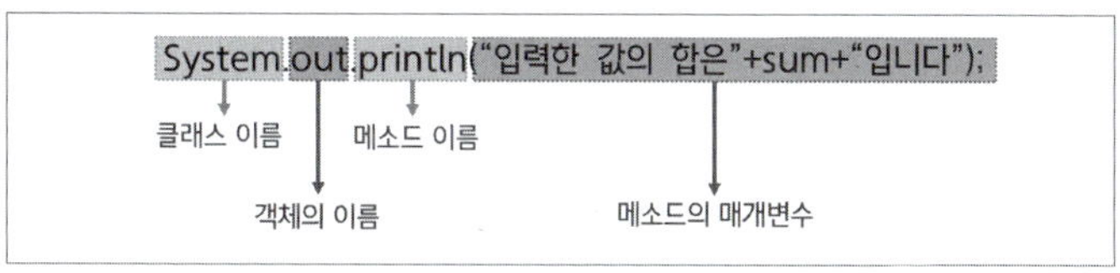

4) Eclipse에서 매개 변수(argument)를 입력하는 방법

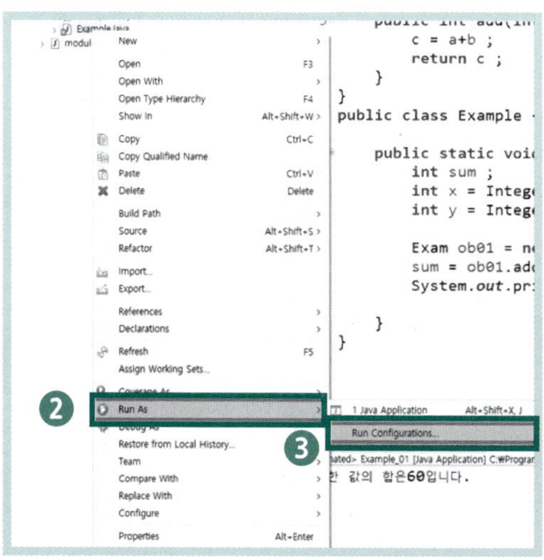

❶ 실행할 클래스 마우스 우클릭

❷ Run As 클릭

❸ Run Configuration 클릭

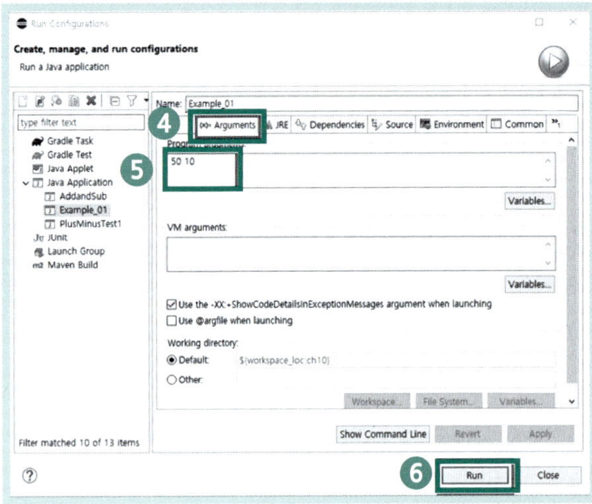

④ (x)=Arguments 선택

⑤ Program Arguments에 데이터 입력

⑥ Run 클릭

출력 창에 입력한 값의 합은 60입니다.가 출력되었다.

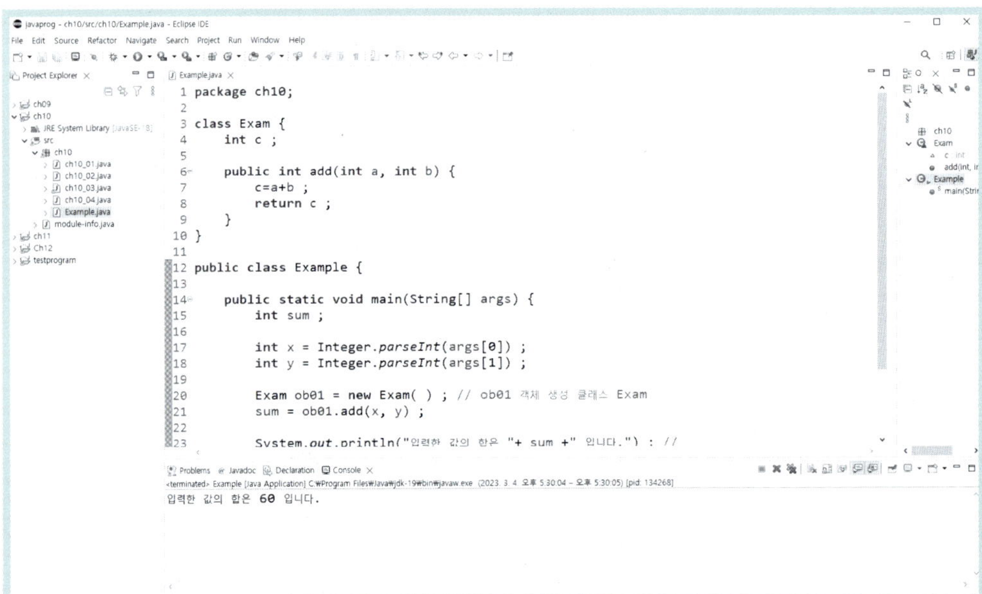

3. 식별자와 예약어

1) 식별자 사용 관례

식별자는 변수, 상수, 배열, 문자열, 사용자가 정의하는 클래스나 메소드 등을 구분할 수 있는 이름이다. 첫 문자는 영문자나 특수문자('_', '$')로 시작하고 길이는 제한을 두지 않는다. 예약어는 식별자로 사용할 수 없고, 대·소문자를 구분하여 사용한다.

식별자 변수, 상수, 메소드, 배열, 문자열, 사용자가 정의하는 클래스나 메소드 등을 구분할 수 있는 이름

≫ 첫 문자가 영문자나 특수문자('_', '$')로 시작함
≫ 길이는 제한을 두지 않음
≫ 예약어는 식별자로 사용할 수 없음
≫ 대 · 소문자를 구분하여 사용함

클래스 이름은 대문자로 시작하고, 메소드, 변수, 배열, 문자열 등의 이름은 소문자로 시작하는 것이 관례이다.

☑ 식별자의 사용 관례

형식	내용
클래스 이름	대문자로 시작함
메소드, 변수, 배열, 문자열 등의 이름	소문자로 시작함

자바의 예약어는 다음과 같다. 외울 필요는 없고 프로그램을 하다 보면 자연스럽게 알 수 있는 것이니 한 번 보고 가볍게 지나가도록 한다.

자바의 예약어

abstract	boolean	break	byte	cast
catch	char	class	const	continue
default	do	double	else	extends
final	finally	float	for	goto
if	implements	import	instanceof	int
interface	long	native	new	package
private	protected	public	return	short
static	super	switch	synchronized	this
throw	throws	Transient	try	void
volatile	while			

2) 변수와 자료형

변수(Variable)는 값(value)이 저장된 메모리의 위치에 주어진 이름이다. 자바에서는 C 언어와 마찬가지로 변수를 사용하기 전에 반드시 자료형을 선언해야 한다.

변수 (Variable)	값(value)이 저장된 메모리의 위치에 주어진 이름

≫ 자바는 변수를 사용하기 전에 자료형을 반드시 선언해야 함

자료형에는 8가지의 기본 자료형이 있고, 그 외에는 모두 참조 자료형이다. 기본 자료형은 정수, 실수, 문자, 논리값 등과 같은 8가지의 기본 자료형이고, 기본 자료형 변수는 값을 가진다. 매개 변수를 전달하면 값을 전달하게 되고 이것을 Call by value라고 한다.

참조 자료형(Reference Type)은 기본 자료형을 제외한 배열, 문자열, 클래스, 인터페이스 등과 같은 자료형이 모두 참조 자료형이다. 참조 자료형은 객체에 대한 참조, 즉 주소를 가지고 있고, 매개 변수를 전달하면 주소가 전달되게 되고 이것을 Call by reference라고 한다.

☑ 자료형

종류	설명
기본 자료형 (Primitive Type)	▪ 정수, 실수, 문자, 논리값 등과 같은 8가지의 기본 자료형 ▪ 기본 자료형 변수는 값을 가짐 ▪ 매개변수 전달 : Call by value
참조 자료형 (Reference Type)	▪ 배열, 문자열, 클래스, 인터페이스 등과 같은 자료형 ▪ 객체에 대한 참조, 즉 주소를 가지고 있음 ▪ 매개변수 전달 : Call by reference

자바의 기본 자료형은 다음과 같다. char형은 16비트 유니코드(unicode) 문자 데이터이고, boolean은 참(1), 거짓(0)을 가진다. byte, short, int, long은 정수를 float와 double은 실수이다.

☑ 기본 자료형의 크기와 범위

타입	설명	키워드
character	16비트 유니코드(unicode) 문자 데이터	char
boolean	참/거짓값	boolean
byte	부호를 가진 8비트 정수	byte
short	부호를 가진 16비트 정수	short
integer	부호를 가진 32비트 정수	int
long	부호를 가진 64비트 정수	long
float	부호를 가진 32비트 부동 소수점	float
double	부호를 가진 64비트 부동 소수점	double

4. 키보드로 문자를 입력받는 방법

키보드로부터 문자를 입력받는 방법은 다음과 같다. 키보드입력은 객체로 BufferedReader 클래스에 속한다. 키보드입력.readLine( )은 키보드입력 객체가 readLine( ) 메소드를 실행하여 키보드로부터 문자를 입력받는 것이다. 사용자는 객체명만 지정하고 이대로 사용하면 된다.

객체 이름은 사용자가 지정함

```
BufferedReader 키보드입력 = new BufferedReader(new InputStreamReader(System.in)) ;
String 입력된문자열 = 키보드입력.readLine( ) ;
```

객체 이름은 사용자가 지정함

다음 프로그램은 ch10_01.java로 프로그램은 만나고 싶은 사람을 입력하세요.를 출력하고 키보드로부터 입력을 기다린다. 키보드로 Lim을 입력하면 Lim이 입력된 문자열에 입력되고 Lim님이 면회 신청되었습니다.를 출력하는 프로그램이다.

```
package ch10;

import java.io.* ;

public class ch10_01 {

   public static void main(String[] args) throws IOException {
      System.out.println("만나고 싶은 사람을 입력하세요.") ;

      BufferedReader 키보드입력 = new BufferedReader(new
      InputStreamReader(System.in)) ;

      String 입력된문자열 = 키보드입력.readLine( ) ;

      System.out.println(입력된문자열+"님이 면회 신청되었습니다.") ;
   }

}
```

[결과 보기]

```
만나고 싶은 사람을 입력하세요.
Lim
Lim님이 면회 신청되었습니다.
```

다음은 두 정수를 입력받아 덧셈을 하는 프로그램이다. 더하고 싶은 숫자1을 입력하세요.를 출력한 후 키보드로부터 정수인 숫자1을 입력받는다.

Integer.parseInt(입력된숫자1) ;은 입력된숫자1을 정수로 변환하는 메소드이다. 정수로 변환한 데이터는 숫자1에 입력된다.

```
BufferedReader 키보드숫자입력 = new BufferedReader(new InputStreamReader(System.in))
String 입력된숫자1 = 키보드숫자입력.readLine( ) ;
int 숫자1 = Integer.parseInt(입력된숫자1) ;
```

그리고 더하고 싶은 숫자2을 입력하세요.를 출력한 후 키보드로부터 정수인 숫자2을 입력받는다.

숫자1과 숫자2를 더해서 덧셈함에 입력하고 이 값은 출력하게 된다.

```
package ch10;
import java.io.BufferedReader;
public class ch10_02 {
   public static void main(String[] args) throws IOException {
      System.out.println("더하고 싶은 숫자1을 입력하세요.") ;
      BufferedReader 키보드숫자입력 = new BufferedReader(new
      InputStreamReader(System.in)) ;
      String 입력된숫자1 = 키보드숫자입력.readLine( ) ;
      int 숫자1 = Integer.parseInt(입력된숫자1) ;
      System.out.println("더하고 싶은 숫자2을 입력하세요.") ;
      String 입력된숫자2 = 키보드숫자입력.readLine( ) ;
```

```
        int 숫자2 = Integer.parseInt(입력된숫자2) ;
        int 덧셈합 = 숫자1 + 숫자2 ;
        System.out.println(숫자1 + "+" + 숫자2 + "=" + 덧셈합 + "입니다.") ;
    }
}
```

[결과 보기]

```
더하고 싶은 숫자1을 입력하세요.
25
더하고 싶은 숫자2을 입력하세요.
45
25+45=70입니다.
```

다음은 1부터 입력된 자연수까지 합계를 구하는 프로그램이다. 숫자1이 5라고 가정하고 변수 i와 변수 합계의 데이터 변화를 표로 작성해 보자.

```
int i, 합계 = 0 ;
for(i=1; i<=숫자1; i++) {
   합계 = 합계 + i ;
}
```

프로그램이 실행되면 i= 0, 합계 = 0이다.

for문에서 i= 1이 되고 for(i=1; i<=숫자1; i++) 조건식에서 1<=숫자1(5)가 참이므로 합계=합계+1을 실행한다. 합계의 데이터 0을 가져와서 i=1을 더한 결과를 합계에 입력한다. 합계는 1이 된다. i++에서 i=2가 된다.

i=2이고 for(i=1; i<=숫자1; i++) 조건식에서 2<=숫자1(5)가 참이므로 합계=합계+1을 실행한다. 합계의 데이터 1을 가져와서 i=2을 더한 결과를 합계에 입력한다. 합계는 3이 된다. i++에서 i=3이 된다.

i=3이 되고 for(i=1; i<=숫자1; i++) 조건식에서 3<=숫자1(5)가 참이므로 합계=합계+1을 실행한다. 합계의 데이터 3을 가져와서 i=3을 더한 결과를 합계에 입력한다. 합계는 6이 된다. i++에서 i=4가 된다.

i=4이고 for(i=1; i<=숫자1; i++) 조건식에서 4<=숫자1(5)가 참이므로 합계=합계+1을 실행한다. 합계의 데이터 6을 가져와서 i=4을 더한 결과를 합계에 입력한다. 합계는 10이 된다. i++에서 i=5가 된다.

i=5이고 for(i=1; i<=숫자1; i++) 조건식에서 5<=숫자1(5)가 참이므로 합계=합계+1을 실행한다. 합계의 데이터 10을 가져와서 i=5를 더한 결과를 합계에 입력한다. 합계는 15이 된다. i++에서 i=6이 된다.

i=6이고 for(i=1; i<=숫자1; i++) 조건식에서 6<=숫자1(5)이 거짓이므로 for 문이 끝난다.

```
package ch10;

import java.io.IOException;
public class ch10_03 {
   public static void main(String[] args) throws IOException {
      System.out.println("1부터 더하고 싶은 자연수를 입력하세요.") ;
      BufferedReader 키보드숫자입력 = new BufferedReader(new
      InputStreamReader(System.in)) ;
      String 입력된숫자1 = 키보드숫자입력.readLine( ) ;
      int 숫자1 = Integer.parseInt(입력된숫자1) ;
      int i, 합계 = 0 ;
      for(i=1; i<=숫자1;i++) {
         합계 = 합계 + i ;
      }
      System.out.println("1부터"+숫자1+"까지 더한 합은"+ 합계+"입니다. ") ;
   }
}
```

[결과 보기]

```
1부터 더하고 싶은 자연수를 입력하세요.
5
1부터5까지 더한 합은 15입니다.
```

5. 형 변환(Casting)

변환은 치역(Target Type)에 정의역(Source Type)의 값을 배정할 때 발생한다. 확대 변환하는 경우에는 데이터의 손실 없이 저장되지만 축소 변환되는 경우에는 손실이 발생된다.

☑ 변환은 치역(Target Type)에 정의역(Source Type)의 값을 배정할 때 발생

종류	설명
확대(Widening) 변환	▪ 치역(Target Type)이 정의역(Source Type)보다 더 넓어 값의 손실이 발생되지 않고 저장됨 예 8비트의 바이트 값을 32비트의 정수형으로 변환하는 경우
축소(Narrowing) 변환	▪ 명시적인 형 변환 구문을 사용해야 함 ▪ 치역(Target Type)이 정의역(Source Type)보다 좁아 값을 저장할 수 없는 경우에 사용해야 함 예 32비트의 정수형 값을 8비트의 바이트형으로 변환하면 정보의 손실이 발생됨

다음 프로그램은 double 실수 = 577.2345를 byte 바이트로 축소 변환하여 65가 된 경우와 이것을 문자형으로 변환하여 출력한 경우이다.

```
package ch10;

public class ch10_04 {

  public static void main(String[] args) {
    double 실수 = 577.2345 ;
    byte 바이트 = (byte) 실수 ;
    char 문자형 = (char) 바이트 ;

    System.out.println("double 형태입니다."+실수) ;
    System.out.println("byte 형태입니다."+ 바이트) ;
    System.out.println("문자 형태입니다."+ 문자형) ;

  }

}
```

[실행 결과]

```
double 형태입니다. 577.2345
byte 형태입니다. 65
문자 형태입니다. A
```

학습정리

식별자

- 변수, 상수, 메소드, 배열, 문자열, 사용자가 정의하는 클래스나 메소드 등을 구분할 수 있는 이름이다.
- 첫 문자가 영문자나 특수문자('_', '$')로 시작한다.
- 길이는 제한을 두지 않는다.
- 약어는 식별자로 사용할 수 없다.
- 대소문자를 구분하여 사용해야 한다.

[식별자의 사용 관례]

형식	내용
클래스 이름	대문자로 시작함
메소드, 변수, 배열, 문자열 등의 이름	소문자로 시작함

변수(Variable)

- 값(Value)이 저장된 메모리의 위치에 주어진 이름이다.
- 자바는 변수를 사용하기 전에 반드시 선언하여야 한다.

[자료형]

종류	설명
기본 자료형 (Primitive Type)	▪ 정수, 실수, 문자, 논리값 등과 같은 8가지의 기본 자료형 ▪ 기본 자료형 변수는 값을 가짐 ▪ 매개변수 전달 : Call by value
참조 자료형 (Reference Type)	▪ 배열, 문자열, 클래스, 인터페이스 등과 같은 자료형 ▪ 객체에 대한 참조, 즉 주소를 가지고 있음 ▪ 매개변수 전달 : Call by reference

형 변환(Casting)

- 형 변환은 치역(Target Type)에 정의역(Source Type)의 값을 배정할 때 발생한다.

종류	설명
확대(Widening) 변환	▪ 치역(Target Type)이 정의역(Source Type)보다 더 넓어 값의 손실이 발생되지 않고 저장됨
축소(Narrowing) 변환	▪ 명시적인 형 변환 구문을 사용해야 함 ▪ 치역(Target Type)이 정의역(Source Type)보다 좁아 값을 저장할 수 없는 경우에 사용해야 함

연습문제

1. 다음 중 (코드 입력)에 적당한 것을 쓰시오.

```
package ch10;

import java.io.* ;
public class 입력받기 {
   public static void main(String[] args) throws IOException {
      System.out.println("만나고 싶은 사람을 입력하세요.") ;

      BufferedReader 키보드 = new BufferedReader(new
                              InputStreamReader(System.in)) ;

      String 입력된문자열 = (코드입력).readLine( ) ;
      System.out.println(입력된문자열+"님이 면회 신청되었습니다.") ;
   }
}
```

2. 다음 중 숫자형의 문자열을 인자값으로 받으면 해당 값을 10진수의 정수형으로 반환해 주는 함수로 올바른 것은?

① integer.ParseInt( )

② Integer.parseInt( )

③ Integer.ParseInt( )

④ Integer.Parseint( )

3. 다음 프로그램의 실행 결과로 옳은 것은?

① 5

② 10

③ 15

④ 20

```
package ch10;

public class Example_3 {
   public static void main(String[] args) {
      int 숫자 = 5 ;
      int i, 합계 = 0 ;

      for(i=1; i<=숫자; i++) {
         합계 = 합계 + i ;
      }
      System.out.println(합계) ;
   }
}
```

4. 다음은 키보드로부터 숫자 문자를 입력받는 프로그램의 일부이다. (코딩)에 적당한 것은?

```
BufferedReader 숫자입력 = new BufferedReader(new
                         InputStreamReader(System.in)) ;
String 입력된숫자 = 숫자입력.(코딩) ;
```

① readLine( )

② Integer( )

③ System.out.println( )

④ i<=숫자입력

5. 다음 중 식별자에 대한 설명 중 틀린 것은?

① 첫 문자는 영문자나 특수문자('_', '$')로 시작한다.

② 길이는 제한을 두지 않는다.

③ 예약어는 식별자로 사용할 수 없다.

④ 대소문자를 구분하여 사용하지 않아도 된다.

6. 다음 중 변수에 대한 설명 중 틀린 것은?
   ① 값(Value)이 저장된 메모리의 위치에 주어진 이름이다.
   ② 자바는 변수를 사용하기 전에 반드시 선언해야 한다.
   ③ 정수,실수,문자열,배열 등과 같은 8가지 기본 자료형이 있다.
   ④ 참조 자료형은 객체에 대한 참조, 즉 주소를 가지고 있다.

7. 다음 중 자바의 기본 자료형의 키워드가 아닌 것은?
   ① char
   ② boolean
   ③ short
   ④ long int

8. 다음 중 16비트 유니코드 문자 데이터를 의미하는 기본 자료형은?
   ① character
   ② char
   ③ double
   ④ byte

9. 다음 중 치역(Target Type)이 정의역(Source Type)보다 좁아 정보의 손실이 발생하는 것을 무엇이라 하는가?
   ① Narrow 변환
   ② Widening 변환
   ③ Casting 변환
   ④ Variable 변환

10. 다음 변수에 대한 설명 중 틀린 것은?
   ① 참조 자료형은 객체에 대한 참조 즉, 주소를 가지고 있다.
   ② 기본 자료형은 정수, 실수, 문자, 논리값 등과 같은 8가지의 기본 자료형이 있다.
   ③ 기본 자료형의 변수는 값을 가진다.
   ④ 문자열과 배열은 기본 자료형이다.

11. JAVA에서 변수 선언으로 틀린 것은?

① int else ;

② int Test2 ;

③ int pc ;

④ int 실수 ;

12. JAVA에서 변수와 자료형에 대한 설명으로 틀린 것은?

① 변수는 어떤 값을 주기억 장치에 기억하기 위해서 사용하는 공간이다.

② 변수의 자료형에 따라 저장할 수 있는 값의 종류와 범위가 달라진다.

③ char 자료형은 나열된 여러 개의 문자를 저장하고자 할 때 사용한다.

④ boolean 자료형은 조건이 참인지 거짓인지 판단하고자 할 때 사용한다.

정답 1. 키보드 2. ② 3. ③ 4. ① 5. ④ 6. ③ 7. ④ 8. ② 9. ① 10. ④ 11. ① 12. ③

CHAPTER 10

클래스, 객체, 상속의 이해

학습목차

1. 클래스(Class)
2. 객체(Object)
3. 클래스로부터 객체(Object) 만들기
4. 상속(Inheritance)
5. 캡슐화(Encapsulation)

학습목표

- 클래스를 만들고 객체를 생성할 수 있다.
- 객체, 클래스, 상속에 대해 설명할 수 있다.
- 캡슐화에 대해 설명할 수 있다.

1. 클래스

클래스는 객체를 생성하는 형판(Template)이다. 객체는 항상 클래스로부터 만들어진다. 클래스에는 두 개의 구성 요소인 자료 구조(필드)와 연산(메소드)이 있다. 클래스로부터 생성된 객체를 Instance라고 한다. 즉, 객체는 Instance 인 것이다. 중요한 것은 객체지향 프로그래밍의 시작은 클래스를 만드는 것이다. 먼저 객체를 만들 클래스를 만든 후 그 클래스로부터 객체를 생성한다. 정보처리의 주체는 클래스가 아니라 객체이고 이 객체를 만들 틀이 클래스인 것이다.

객체는 항상 클래스로부터 생성(클래스는 객체를 생성하는 형판(Template))

클래스는 두 개의 구성 요소(Member)인 자료 구조(필드)와 연산(메소드)을 가짐

클래스로부터 생성된 객체를 Instance라 함(객체 = Instance)

정보처리의 주체는 클래스가 아니라 객체

객체지향 프로그래밍의 시작은 클래스의 생성

대한민국 클래스를 만들어 보기로 한다. 대한민국 클래스의 필드(속성)로 성명(String), 주민번호(int), 주소(String)가 있고, 메소드로는 민증까( )가 있다.

1 클래스 만들기

대한민국 클래스

필드	메소드
String 성명 ; **int 주민번호 ;** String 주소 ;	Public void 민증까( )

이것을 자바 프로그램으로 만들면 다음과 같다.

```
package ch11;

public class 대한민국 {
   String 성명 ;
   int 주민번호 ;
   String 주소 ;

   public void 민증까( ) {
      System.out.println(성명+"의 주소는 "+주소+"입니다.") ;
      System.out.println(성명+"의 주민번호는 "+주민번호+"입니다.") ;
   }
}
```

System.out.println( ) 메소드는 안에 있는 " + "는 더하는 연산이 아니라 문자열과 문자열을 연결하라는 의미이다.

System.out.println(성명+"의 주소는 "+주소+"입니다.") ;는 (객체의 성명)의 주소는 (객체의 주소)입니다.를 출력한다.

System.out.println(성명+"의 주민번호는 "+주민번호+"입니다.") ;는 (객체의 성명)의 주민번호는 (객체의 주민번호)입니다.를 출력한다.

2. 객체

객체는 효율적으로 정보를 관리하기 위하여, 사람들이 의미를 부여하고 분류하는 논리적인(개념적인) 단위이다. 실 세계에 존재하는 하나의 단위에 대한 소프트웨어적 표현이다. 객체는 클래스로부터 만들어진다. 객체의 구성은 속성 값을 나타내는 데이터(필드)와 데이터를 변경하거나 조작할 수 있는 메소드(Method)로 구성되어 있다. 객체는 프로그래머에 의해 모델링된다. 객체는 데이터(속성)과 메소드를 가지고 있다는 것을 꼭 기억하기로 한다.

객체(Object)

- 효율적으로 정보를 관리하기 위하여, 사람들이 의미를 부여하고 분류하는 논리적인(개념적인) 단위
- 실 세계에 존재하는 하나의 단위에 대한 소프트웨어적 표현

예 축구팀 박지석, 축구팀 안종환, 야구팀 박찬오, 야구팀 이송엽

《 객체의 구성 》

속성의 값을 나타내는 데이터(Data) : 필드(Field)	데이터를 변경하거나 조작할 수 있는 메소드(Method)로 구성
▪ 박지석 등번호 10번, 포지션 미드필드 ▪ 박찬오 등번호 63번, 포지션 투수	▪ 축구팀 박지석 패스하다, 수비하다 ▪ 야구팀 박찬오 투구하다, 공격하다

3. 클래스로부터 객체 만들기

1) 객체 만들기

객체를 만들어 속성을 입력하고 메소드의 실행 결과를 확인하기 위해 대한민국 클래스를 이용해서 출생신고 클래스를 만들어 실행시킨다. 출생 신고 클래스는 다음과 같다.

```
package ch11;

public class 출생신고 {
public static void main(String[] args) {
대한민국 국민_01 = new 대한민국( ) ;
   국민_01.성명 = "김철민" ;
   국민_01.주민번호 = 1349018 ;
   국민_01.주소 = "경기도 성남시" ;
   국민_01.민증까();
}
}
```

대한민국 클래스로부터 new를 이용해서 객체를 만든다. 클래스의 이름에 ()를 붙여 생성자를 만들고, 객체를 만들 때 무조건 자동으로 실행되는 메소드로 생성자라고 한다.

new는 객체를 생성해 주는 역할을 한다. 객체가 데이터에 저장할 공간을 할당해서 객체에 반환한다. 여기서는 객체가 생성되면 자동으로 성명, 주민번호, 주소의 속성을 가지게 되

고 이러한 속성이 저장될 공간을 객체.성명, 객체.주민번호, 객체.주소를 저장할 공간을 할당해서 반환하게 된다.

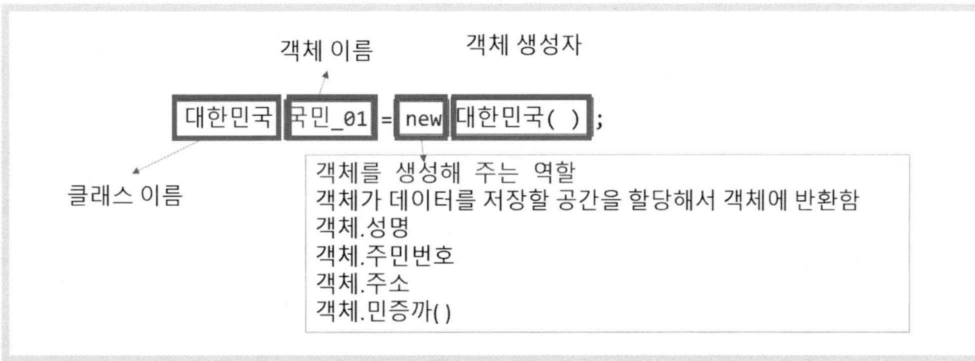

대한민국()은 생성자라고 한다. 클래스 이름에()를 붙여 메소드로 만들고 객체를 만들 때 무조건 자동으로 실행되는 메소드이다.

> **≫ 클래스 이름에 ( )를 붙여 메소드로 만듦**
> **≫ 객체를 만들 때 무조건 자동으로 실행되는 메소드**
> **≫ 생성자라고 함**

객체 국민01이 생성되면 자동적으로 대한민국에 있는 모든 속성이 만들어진다.

```
국민_01.성명
국민_01.주민번호
국민_01.주소
```

이 속성에 데이터를 입력한다.

```
국민_01.성명 = "김철민" ;
국민_01.주민번호 = 1349018 ;
국민_01.주소 = "경기도 성남시" ;
```

국민_01 객체가 민증까( ) 메소드를 실행하기 위해 객체이름.메소드로 한다. 즉, 국민_01.민증까( ) ;이다.

```
public void 민증까( ) {
      System.out.println(성명+"의 주소는 "+주소+"입니다.") ;
      System.out.println(성명+"의 주민번호는 "+주민번호+"입니다.") ;
   }
```

국민_01.민증까( ) 메소드를 실행시켜 보자. 국민_01의 성명은 "김철민", 국민_01.주소는 "경기도 성남시"이다. System.out.println(성명+"의 주소는 "+주소+"입니다.") ;가 실행되면 "김철민의 주소는 경기도 성남시입니다."가 출력된다.

```
                          + 는 문자열과 문자열을 연결함
System.out.println(성명+"의 주소는 "+주소+"입니다.") ;
                   김철민           경기도 성남시
```

국민_01의 성명은 "김철민" 국민_01의 주민번호는 "1349018"이므로 System.out.println(성명+"의 주민번호는 "+주민번호+"입니다.") ;의 실행 결과는 "김철민의 주민번호는 1349018입니다."가 출력된다. 주민번호는 int형 정수이지만 자동으로 형변환되어 별도의 서식을 지정하지 않아도 문자열로 출력된다.

```
                                  int 형이 자동 형변환 됨
System.out.println(성명+"의 주민번호는 "+주민번호+"입니다.") ;
                   김철민                1349018
```

실행 결과는 다음과 같다.

```
김철민의 주소는 경기도 성남시입니다.
김철민의 주민번호는 1349018입니다.
```

2) 매개 변수를 이용해서 객체 만들기

속성을 하나씩 입력하지 않고 매개 변수를 이용해서 객체를 만들 수 있다. 속성이 많은 경우 일일이 속성을 입력하는 것보다 간편하게 속성을 입력할 수 있다.

```
public 대한민국인수포함(String 성명인수, int 주민번호인수, String 주소인수) {
        성명 = 성명인수 ;
        주민번호 = 주민번호인수;
        주소 = 주소인수;
    }
```

대한민국인수포함 클래스는 다음과 같다.

```
package ch11;

public class 대한민국인수포함 {
    String 성명 ;
    int 주민번호 ;
    String 주소 ;

    public 대한민국인수포함(String 성명인수, int 주민번호인수, String 주소인수) {
        성명 = 성명인수 ;
        주민번호 = 주민번호인수;
        주소 = 주소인수;
    }

public void 민증까( ) {
            System.out.println(성명+"의 주소는 "+주소+"입니다.") ;
            System.out.println(성명+"의 주민번호는 "+주민번호+"입니다.") ;
    }
}
```

대한민국인수포함 클래스를 이용한 출생신고인수포함 클래스는 다음과 같다.

```
package ch11;

public class 출생신고인수포함 {

   public static void main(String[] args) {
      대한민국인수포함 국민_02 = new 대한민국인수포함("김윤미",2450911,"서울
      성북구") ;
      국민_02.민증까();
   }
}
```

[실행 결과]

```
김윤미의 주소는 서울 성북구입니다.
김윤미의 주민번호는 2450911입니다.
```

3) this를 이용하여 객체 만들기

this는 객체 자신을 의미한다. 성명, 주민번호, 주소를 동일한 변수로 사용하고자 할 때 this를 이용한다. 다음 코드를 보면 성명, 주민번호, 주소를 대한민국인수포함( ) 메소드에서 사용하려다 보니 변수명이 동일해서 에러가 발생한다. 이런 경우 객체 자신을 의미하는 this를 사용하면 간단히 해결할 수 있다.

```
String 성명 ;
int 주민번호 ;
String 주소 ;

public void 대한민국인수포함(String 성명, int 주민번호, String 주소) {
      성명 = 성명 ;
      주민번호 = 주민번호;
      주소 = 주소;
   }
```

this를 이용한 대한민국this 클래스는 다음과 같다.

```
package ch11;

public class 대한민국this {
   String 성명 ;
   int 주민번호 ;
   String 주소 ;
   public 대한민국this(String 성명, int 주민번호, String 주소) {
      this.성명 = 성명 ;
      this.주민번호 = 주민번호;
      this.주소 = 주소;
   }

   public void 민증까( ) {
      System.out.println(this.성명+"의 주소는 "+this.주소+"입니다.") ;
      System.out.println(this.성명+"의 주민번호는+this.주민번호+"입니다.") ;
   }
}
```

대한민국this 클래스를 이용하여 출생신고this 클래스를 만들어 보자.

```
package ch11;

public class 출생신고this {

   public static void main(String[] args) {
      대한민국this 국민_03 = new 대한민국this("이병춘",1550911,"부산 동래구") ;
      국민_03.민증까();

      대한민국this 국민_04 = new 대한민국this("임병호",1544931,"강원도 고성군") ;
      국민_04.민증까();
   }
}
```

[결과 보기]

```
이병춘의 주소는 부산 동래구입니다.
이병춘의 주민번호는 1550911입니다.
임병호의 주소는 강원도 고성군입니다.
임병호의 주민번호는 1544931입니다.
```

4. 상속

상속 관계의 클래스들은 계층 구조를 구성할 수 있다. 하위 계층의 클래스는 상위 계층의 모든 요소를 상속받고 추가적으로 필요로 하는 새로운 자료 구조와 메소드를 더 가진다. 하위 클래스는 상위 클래스를 확장한 개념이고, 상속의 개념을 이용하여 소프트웨어의 재사용(Reusing)을 지원한다.

상속 관계의 클래스들은 계층 구조를 구성할 수 있음

하위 계층의 클래스는 상위 계층의 모든 요소를 상속받고 추가적으로 필요로 하는 새로운 자료 구조와 메소드를 더 가짐

하위 클래스는 상위 클래스를 확장한 개념임

상속의 개념을 이용하여 소프트웨어의 재사용(Reusing)을 지원함

대한민국 클래스를 상속받은 한사대 클래스를 만들어 보자. 상속의 키워드는 "extends"이다. 한사대 클래스를 만들 때 프로그램을 새로 하는 것이 아니라 대한민국 클래스를 상속받아 대한민국에 있는 속성과 메소드를 그대로 사용하고 더 필요한 학과, 학번 속성과 구구단외우기( ) 메소드를 더 추가해서 사용하면 소프트웨어를 재사용할 수 있다.

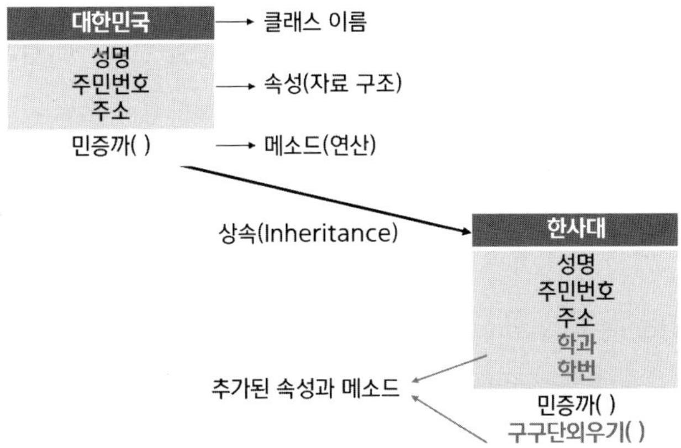

지금까지 사용하고 있는 대한민국 클래스는 다음과 같다.

```
package ch11;

public class 대한민국 {
   String 성명 ;
   int 주민번호 ;
   String 주소 ;

   public void 민증까( ) {
      System.out.println(성명+"의 주소는 "+주소+"입니다.") ;
      System.out.println(성명+"의 주민번호는 "+주민번호+"입니다.") ;
   }
}
```

대한민국 클래스를 상속받은 한사대 클래스는 다음과 같다. 상속의 키워드는 “extends”이다.

```
package ch11;

public class 한사대 extends 대한민국{
   String 학과 ;
   int 학번 ;

   public void 구구단외우기(int a, int b) {
      System.out.println(a+" * "+b+" = "+a*b+"입니다.") ;
      return ;
   }
}
```

간단히 상속을 받아 프로그램이 간단하다. 이렇게 기존의 클래스를 상속받아 필요한 속성과 메소드를 추가해서 사용하면 된다. 한사대 클래스의 학생_01 객체를 만들어서 실행해 보자. 한사대 응소과 클래스를 만들고 한사대 클래스에서 학생_01 객체를 생성해서 사용한다.

```
package ch11;

public class 한사대응소과 {

   public static void main(String[] args) {
      int temp ;
      한사대 학생_01 = new 한사대( ) ;
      학생_01.성명 = "김병순" ; 학생_01.주민번호 = 2780123 ; 학생_01.주소
      = "전남 목포시";
      학생_01.학과 = "응소과" ; 학생_01.학번 = 230871 ;
      학생_01.민증까( ) ;
      학생_01.구구단외우기(5,6) ;
   }
}
```

먼저 실행 결과를 보기로 한다.

[실행 결과]

```
김병순의 주소는 전남 목포시입니다.
김병순의 주민번호는 2780123입니다.
5 * 6 = 30입니다.
```

한사대 클래스에서 만들지 않은 속성들이 있는 것을 확인할 수 있다. 이것은 상속받은 대한민국에 있는 속성으로 객체 생성 시 자동으로 상속받은 것이다.

```
학생_01.성명 = "김병순" ; 학생_01.주민번호 = 2780123 ;
학생_01.주소 = "전남 목포시";
```

메소드 역시 민증까() 메소드를 상속받았고, 새로운 구구단외우기() 메소드를 추가했다.

5. 캡슐화

객체의 중요한 속성을 캡슐화하여 What만 보여주고 How는 감춘다. 객체를 작성할 때 숨겨야 하는 정보(Private)와 공개해야 하는 정보(Public)를 구분하여 작성한다. 객체의 사용자는 기능만 알고 사용하며 어떻게 처리되는지는 은폐(Information Hiding)한다.

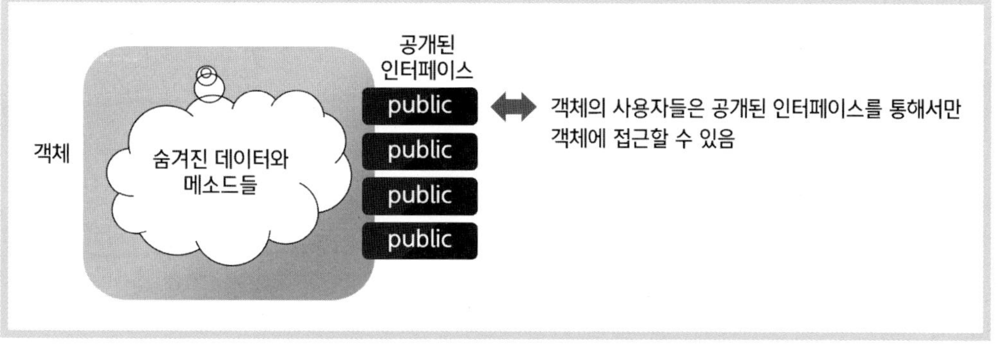

☑ 캡슐화의 장점

- 객체에 포함된 정보의 손상과 오용을 막을 수 있음
- 객체 조작 방법이 바뀌어도 사용 방법은 바뀌지 않음
- 데이터가 바뀌어도 다른 객체에 영향을 주지 않아 독립성이 유지됨
- 처리된 결과만 사용하므로 객체의 이식성이 좋음
- 객체를 부품화 할 수 있어 새로운 시스템의 구성에 부품처럼 사용할 수 있음

다음은 주민번호에 음수가 저장되는 예제 프로그램이다.

```
package ch11;

public class 출생신고 {
   public static void main(String[] args) {
      대한민국 국민_01 = new 대한민국( ) ;
      국민_01.성명 = "김철민" ;
      국민_01.주민번호 = -1349018 ;
      국민_01.주소 = "경기도 성남시" ;
      국민_01.민증까();
   }
}
```

[실행 결과]

```
김철민의 주소는 경기도 성남시입니다.
김철민의 주민번호는 -1349018입니다.
```

주민번호에 음수가 출력된 것을 알 수 있다. 이런 문제점을 방지하기 위해 속성에 private를 지정해 다른 클래스에서 접근을 금지시킨다.

```
package ch11;

public class 대한민국캡슐화예제 {
   String 성명 ;
   private int 주민번호 ;
   String 주소 ;
   public void 민증까( ) {
      System.out.println(성명+"의 주소는 "+주소+"입니다.") ;
      System.out.println(성명+"의 주민번호는 "+주민번호+"입니다.") ;
   }
}
```

대한민국캡슐화예제를 상속받은 출생신고캡슐화예제를 실행하면 다음과 같은 에러 메시지가 출력된다.

```
package ch11;

public class 출생신고캡슐화예제 {

public static void main(String[] args) {
   대한민국캡슐화예제 국민_01 = new 대한민국캡슐화예제( ) ;
      국민_01.성명 = "황인숙" ;
      국민_01.주소 = "경기도 광주" ;
      국민_01.주민번호= 2256718;
      국민_01.민증까( ) ;
   }
}
```

에러 메시지

```
Exception in thread "main" java.lang.Error: Unresolved compilation
problem:
   The field 대한민국캡슐화예제.주민번호 is not visible

   at ch11/ch11.출생신고캡슐화예제.main(출생신고캡슐화.java:10)
```

구글 번역 결과는 다음과 같다.

```
스레드 "main"
java.lang.Error의 예
외: 해결되지 않은 컴
파일 문제:
필드 대한민국캡슐화.
주민번호가 보이지 않
습니다.
```

주민번호를 private로 설정해서 상속받지 못한 것이다. private 주민번호를 변경하기 위한 set주민번호 메소드를 만들기로 한다.

```
public void set주민번호(int 주민번호) {
   if(주민번호 > 0) {
      this.주민번호 = 주민번호 ;
   }
   else {
      System.out.println("주민번호는 올바른 입력이 아닙니다.");
      this.주민번호 = -9999999 ;
   }
}
```

주민번호를 매개 변수로 받고 주민번호가 0보다 크면 this.주민번호에 입력하고 그렇기 않으면 "주민번호는 올바른 입력이 아닙니다."를 출력하고 this.주민번호에 −9999999를 입력하는 set주민번호( ) 메소드이다.

```
package ch11;

public class 대한민국캡슐화 {
   String 성명 ;
   private int 주민번호 ;
   String 주소 ;
      public void set주민번호(int 주민번호) {
         if(주민번호 > 0) {
            this.주민번호 = 주민번호 ;
         }

         else {
            System.out.println("주민번호는 올바른 입력이 아닙니다.");
            this.주민번호 = -9999999 ;
         }
      }

   public void 민증까( ) {
            System.out.println(성명+"의 주소는 "+주소+"입니다.") ;
            System.out.println(성명+"의 주민번호는 "+주민번호+"입니다.") ;
   }
}
```

대한민국캡슐화 클래스로부터 국민_01을 만들어 실행하는 출생신고캡슐화 클래스는 다음과 같다.

```
package ch11;

public class 출생신고캡슐화 {

public static void main(String[] args) {
   대한민국캡슐화 국민_01 = new 대한민국캡슐화( ) ;
   국민_01.성명 = "황인숙" ;
   국민_01.주소 = "경기도 광주" ;
   국민_01.set주민번호(2256718);

   국민_01.민증까( ) ;                  }
}
```

[실행 결과 보기]

```
황인숙의 주소는 경기도 광주입니다.
황인숙의 주민번호는 2256718입니다.
```

다음과 같이 주민번호에 음수가 입력된 경우 출력 결과는 다음과 같다.

```
package ch11;

public class 출생신고캡슐화 {

   public static void main(String[] args) {
      대한민국캡슐화 국민_01 = new 대한민국캡슐화( ) ;
      국민_01.성명 = "황인숙" ;
      국민_01.주소 = "경기도 광주" ;
      국민_01.set주민번호(-2256718);

      국민_01.민증까( ) ;
   }
}
```

[실행 결과]

```
주민번호는 올바른 입력이 아닙니다.
황인숙의 주소는 경기도 광주입니다.
황인숙의 주민번호는 -9999999입니다.
```

주민번호의 앞 2자리가 23인 경우에만 입력하는 프로그램에 대해 알아보자.

```
int check ;
public void set주민번호(int 주민번호) {
   check = 주민번호/100000 ;
   if(check == 23) {
      this.주민번호 = 주민번호 ;
   }

   else {
      System.out.println("주민번호는 올바른 입력이 아닙니다.");
   }
}
```

정수형 변수 check를 만들고 주민번호를 1000000으로 나눈 몫을 입력한다. check가 23이면 주민번호를 this.주민번호에 입력하고 그렇지 않으면 "주민번호는 올바른 입력이 아닙니다."를 출력하도록 set주민등록( ) 메소드를 만들었다.

다음은 주민번호 앞자리가 23인 경우에 입력하는 메소드를 적용한 대한민국캡슐화_23년생 클래스이다.

```
package ch11;

public class 대한민국캡슐화_23년생 {
   String 성명 ;
   private int 주민번호 ;
   String 주소 ;
   int check ;
      public void set주민번호(int 주민번호) {
         check = 주민번호/100000 ;
         if(check == 23) {
            this.주민번호 = 주민번호 ;
         }
         else {
               System.out.println("주민번호는 올바른 입력이 아닙니다.");
```

```
        }
    }

    public void 민증까( ) {
        System.out.println(성명+"의 주소는 "+주소+"입니다.") ;
        System.out.println(성명+"의 주민번호는 "+주민번호+"입니다.") ;
    }
}
```

대한민국캡슐화_23년생 클래스를 이용한 출생신고캡슐화_23년생 클래스는 다음과 같다.

```
package ch11;

public class 출생신고캡슐화_23년생 {

    public static void main(String[] args) {
        대한민국캡슐화_23년생 국민_01 = new 대한민국캡슐화_23년생( ) ;
        국민_01.성명 = "황인숙" ;
        국민_01.주소 = "경기도 광주" ;
        국민_01.set주민번호(2356718);

        국민_01.민증까( ) ;
    }
}
```

[실행 결과]

```
황인숙의 주소는 경기도 광주입니다.
황인숙의 주민번호는 2356718입니다.
```

주민번호가 2256718로 잘못 입력된 경우 실행 결과는 다음과 같다.

```
package ch11;

public class 출생신고캡슐화_23년생 {

   public static void main(String[] args) {
      대한민국캡슐화_23년생 국민_01 = new 대한민국캡슐화_23년생( ) ;
      국민_01.성명 = "황인숙" ;
      국민_01.주소 = "경기도 광주" ;
      국민_01.set주민번호(2256718);

      국민_01.민증까( ) ;
   }
}
```

[실행 결과]

```
주민번호는 올바른 입력이 아닙니다.
황인숙의 주소는 경기도 광주입니다.
황인숙의 주민번호는 0입니다.
```

학습정리

객체(Object)

➢ 실 세계에 존재하는 하나의 단위에 대한 소프트웨어적 표현

예 축구팀 박지석, 축구팀 안종환, 야구팀 박찬오, 야구팀 이송엽

클래스(Class)

➢ 객체는 항상 클래스로부터 생성(클래스는 객체를 생성하는 형판(Template))

➢ 클래스는 두 개의 구성 요소(Member)인 자료 구조(필드)와 연산(메소드)을 가짐

상속(Inheritance)

➢ 하위 계층의 클래스는 상위 계층의 모든 요소를 상속받고 추가적으로 필요로 하는 새로운 자료 구조와 메소드를 더 가짐

캡슐화(Encapsulation)

➢ 객체의 사용자는 기능만 알고 사용하며 어떻게 처리되는지는 은폐됨

연습문제

1. 다음 중 상속의 키워드는 무엇인가?
   ① new
   ② extends
   ③ private
   ④ this

2. 객체지향 개념을 활용한 소프트웨어 구현과 관련한 설명 중 틀린 것은?
   ① 객체(Object)란 필요한 자료 구조와 수행되는 함수들을 가진 하나의 독립된 존재이다.
   ② JAVA에서 정보은닉(Information Hiding)을 표기할 때 private의 의미는 ‹공개›이다.
   ③ 상속(Inheritance)은 개별 클래스를 상속 관계로 묶음으로써 클래스 간의 체계화된 전체 구조를 파악하기 쉽다는 장점이 있다.
   ④ 같은 클래스에 속하는 개개의 객체이자 하나의 클래스에서 생성된 객체를 인스턴스(Instance)라고 한다.

3. 객체지향 기법에서 상위 클래스의 메소드와 속성을 하위 클래스가 물려받는 것을 의미하는 것은?
   ① Abstraction
   ② Polymorphism
   ③ Encapsulation
   ④ Inheritance

4. 객체지향의 주요 개념에 대한 설명으로 틀린 것은?
   ① 캡슐화는 상위클래스에서 속성이나 연산을 전달받아 새로운 형태의 클래스로 확장하여 사용하는 것을 의미한다.
   ② 객체는 실세계에 존재하거나 생각할 수 있는 것을 말한다.
   ③ 클래스는 하나 이상의 유사한 객체들을 묶어 공통된 특성을 표현한 것이다.
   ④ 다형성은 상속받은 여러 개의 하위 객체들이 다른 형태의 특성을 갖는 객체로 이용될 수 있는 성질이다.

5. 객체지향 개념에서 연관된 데이터와 함수를 함께 묶어 외부와 경계를 만들고 필요한 인터페이스만을 밖으로 드러내는 과정은?
① 메시지(Message)
② 캡슐화(Encapsulation)
③ 다형성(Polymorphism)
④ 상속(Inheritance)

6. 다음 Example_01_실행.java 프로그램에서 컴파일 에러가 나는 곳은 어디인가?

```
package ch11;

public class Example_01 {
   int 성명 ;
   int 주민번호 ;
   String 주소 ;

   public void 확인하기( ) {
      System.out.println(성명+"의 주소는 "+주소+"입니다.") ;
   }
}
```

```
package ch11;

public class Example_01_실행 {

   public static void main(String[] args) {
      Example_01 국민_01 = new Example_01( ) ;
      국민_01.성명 = "김철민" ;
      국민_01.주민번호 = 1349018 ;
      국민_01.주소 = "성남시" ;
      국민_01.확인하기( ) ;
   }
}
```

① 국민_01.성명 = "김철민";

② 국민_01.주민번호 = 1349018;

③ 국민_01.주소 = "성남시";

④ 국민_01.확인하기();

7. 다음 Example_01_실행.java 프로그램을 실행한 결과를 쓰시오.

```
package ch11;

public class Example_01 {
   String 성명 ;
   int 주민번호 ;
   String 주소 ;

   public void 확인하기( ) {
      System.out.println(성명+"의 주소는 "+주소+"입니다.") ;
   }
}
```

```
package ch11;

public class Example_01_실행 {

   public static void main(String[] args) {
      Example_01 국민_01 = new Example_01( ) ;
      국민_01.성명 = "김철민" ;
      국민_01.주민번호 = 1349018 ;
      국민_01.주소 = "성남시" ;
      국민_01.확인하기( ) ;
   }
}
```

8. 다음은 객체의 변수와 생성자의 매개 변수가 성명으로 동일한 프로그램이다. (코딩)에 알맞은 것을 쓰시오.

```
package ch11;

public class Example_02 {
   String 성명 ;

   public Example_02(String 성명 ) {
      (코딩) = 성명 ;
   }
}
```

정답 1. ② 2. ② 3. ④ 4. ① 5. ② 6. ① 7. 김철민의 주소는 성남시입니다. 8. this.성명

CHAPTER 11

파이썬 변수와 데이터 활용하기

학습목차

1. 파이썬 설치와 실행
2. 변수와 데이터형 이해하기
3. print() 함수를 사용한 출력
4. 터틀 그래픽 프로그램

학습목표

- 파이썬에서 파일을 저장하고 실행시키는 방법을 익힐 수 있다.
- 변수와 여러 가지 데이터 타입 활용법을 익힐 수 있다.
- print() 함수를 이용해 다양한 서식으로 출력하는 방법을 익힐 수 있다.
- 파이썬에서 제공되는 터틀 함수를 호출해 활용할 수 있다.

1. 파이썬 설치와 실행

1) 파이썬 설치하기

파이썬을 설치하기 위해서는 운영체제를 잘 확인해야 한다. 컴퓨터 운영체제는 윈도우, 맥, 리눅스 등에서 설치가 가능하다.

본 교재에서는 64비트용 윈도우 10, 11 기준으로 파이썬을 사용한다.

파이썬 설치를 위해서는 https://www.python.org/downloads에 접속하여 Python 프로그램을 다운로드한다.

다운로드 한 후 python-3.x.x-amd64.exe을 더블클릭하여 설치를 시작한다.

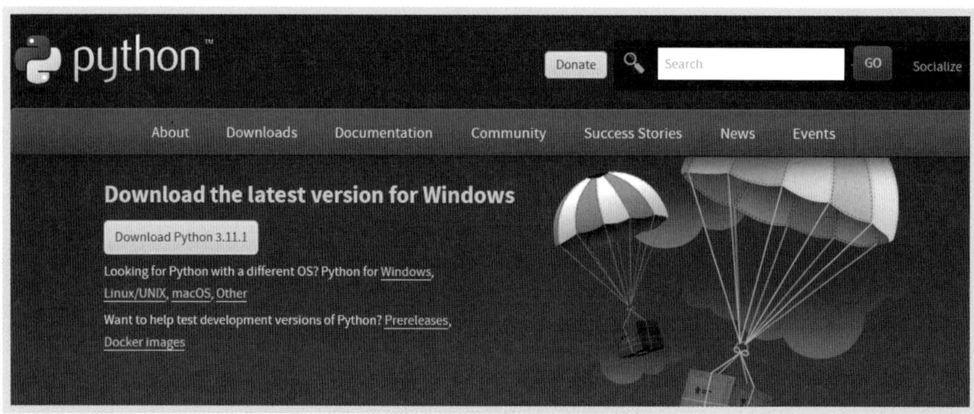

❶ Customize Installation 클릭

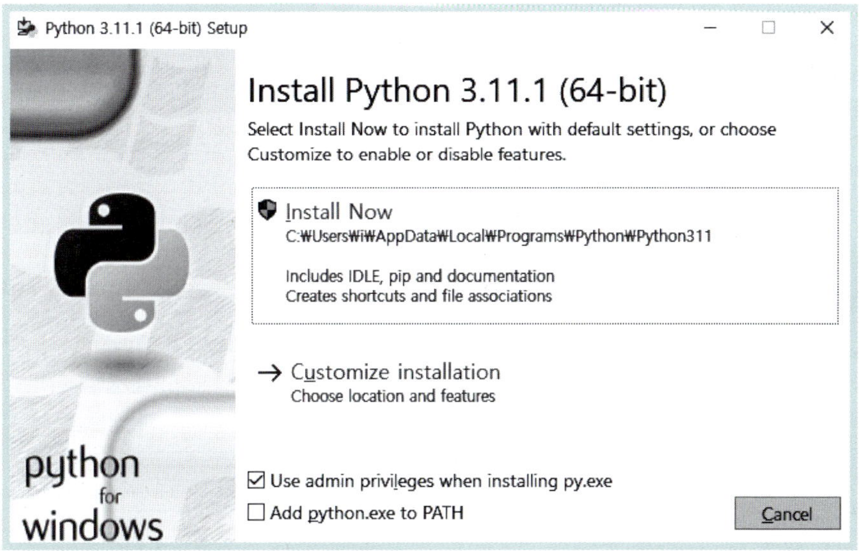

❷ Optional Features에서 선택

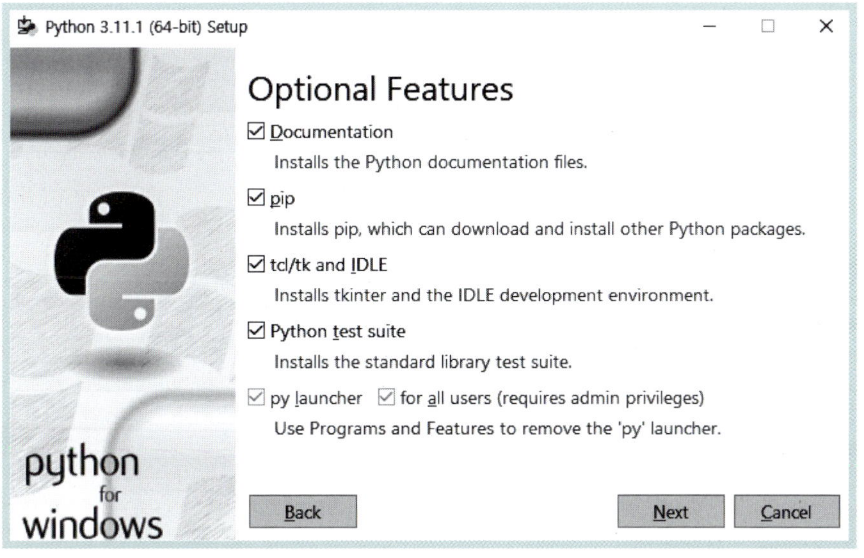

❸ 설치 위치 :
C:\Users\user\AppData\Local\Programs\Python\Python311\

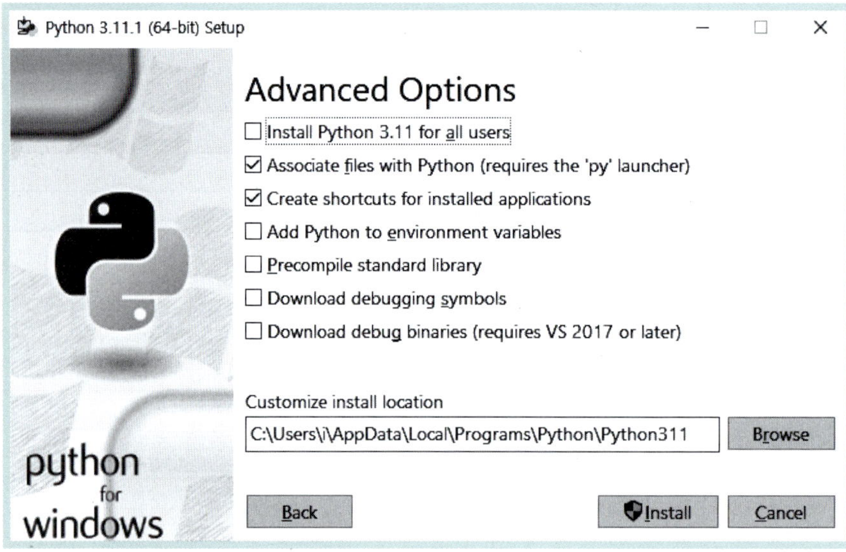

❹ Install 시작

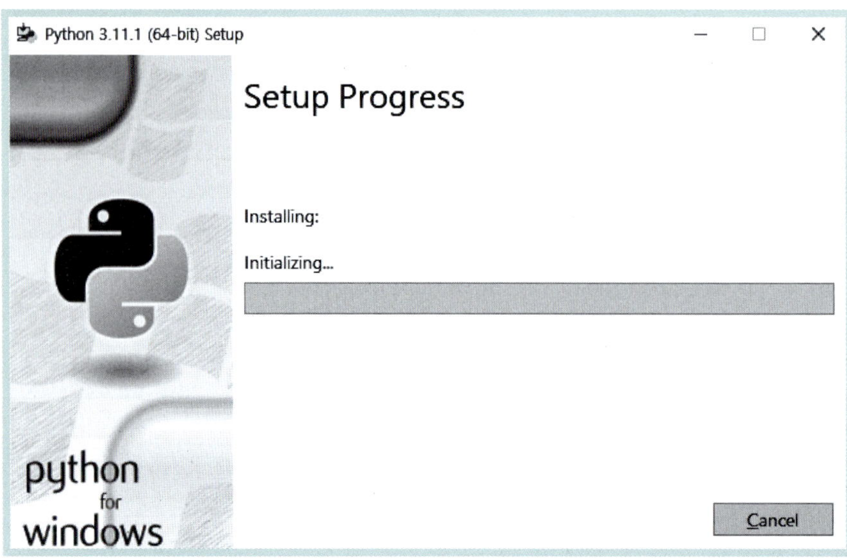

❺ 설치 완료 후 [close] 클릭

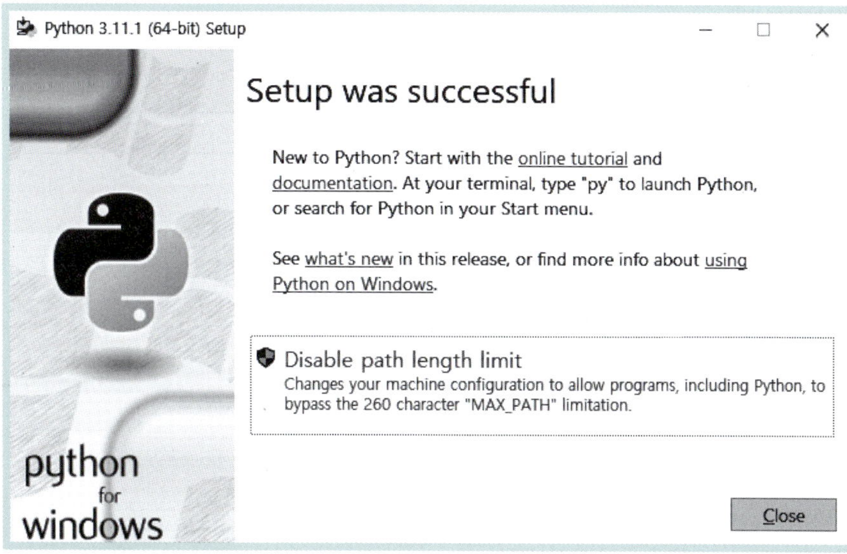

2) 파이썬 실행하기

파이썬에는 프로그램을 개발할 수 있는 환경 – IDLE : 통합 개발 환경 – 이 포함되어 있다.

설치된 IDLE(Python 3.x 64-bit)를 클릭한다.

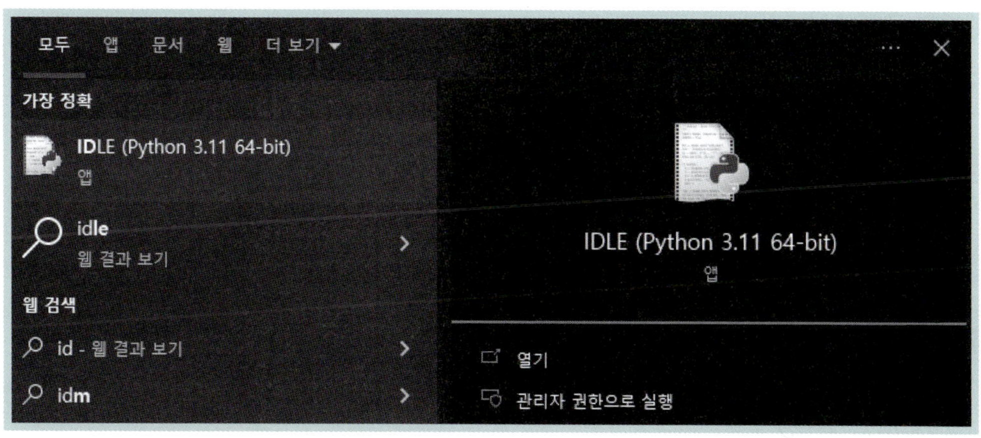

대화형 모드인 IDLE Shell 창이 열린다.

두세 줄의 파이썬 버전 정보가 출력되고 프롬프트 '>>>'가 깜빡인다.

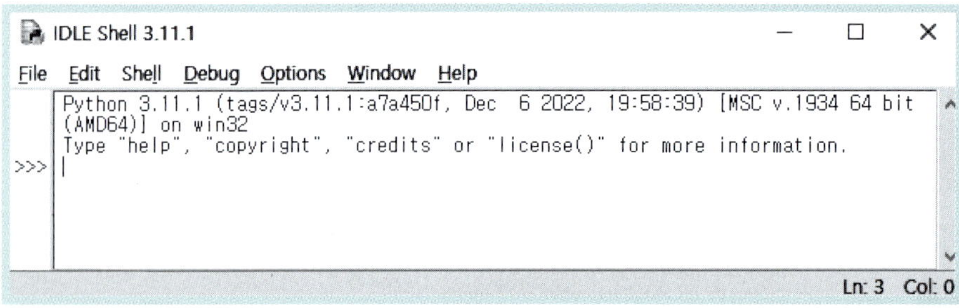

한 번에 하나의 명령이 실행되고 실행 결과가 바로 나타난다.

print(“안녕, 파이썬! 처음이야”) 입력 후 [enter]를 치면 다음 칸에 겹따옴표 안의 내용이 바로 나타난다.

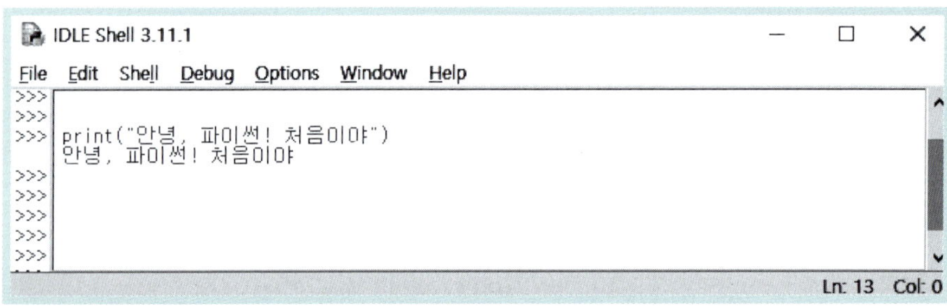

파이썬은 배우기도 쉽고 결과도 바로 확인할 수 있어 프로그램을 처음 배우는 초보자에게 적합한 프로그램이다.

‘귀도 반 로섬’ 프로그래머가 C언어로 제작해 1991년에 공식적인 발표를 했다.

귀도 반 로섬

- 2005년 ~ 2012년에는 구글
- 2013 ~ 2019에는 드롭박스
- 2020에는 마이크로소프트에 근무 중

3) 파이썬의 특징

❶ 오픈 소스로 무료로 사용할 수 있다.

❷ 대표적 스크립트 언어이다.

별도의 컴파일러를 필요로 하지 않고 소스 코드를 한 줄씩 읽고 처리하는 인터프리터 언어이다.

컴파일러 언어 : C, C++, 자바

인터프리터 언어 : 파이썬, 자바스크립트, 펄(Perl)

3. 추가적으로 제공되는 다양한 라이브러리도 무료이다.
4. C언어나 자바보다 읽기 쉽고 빨리 제작이 가능해 비용 절감 효과가 있다.
5. 라즈베리파이 기반의 사물인터넷이 파이썬을 지원해 사물인터넷 개발 및 운영에 적극 활용된다.
6. 강력한 외부 라이브러리들이 풍부하다. – 파이썬에서 제공하는 것 뿐아니라 외부에서 제공하는 서드 파티 라이브러리까지 사용할 수 있다.

서드 파티(Third Party) 라이브러리

- GUI를 제공하는 wsPython,
- 이미지 처리의 Pillow, 웹 크롤링의 Scrapy,
- 비디오게임을 만들 수 있는 pygame,
- 통계나 선형대수를 사용할 수 있는 Numpy,
- 생물학 분야의 분석 기능을 제공하는 Biopython

7. 강력한 웹 프레임워크를 사용해 빠른 웹 환경을 구축할 수 있다.

4) 파이썬 파일 저장

파이썬은 한 줄씩 결과를 바로바로 볼 수는 있으나 코드가 수십 줄인 경우 한 줄씩 입력하기는 매우 번거롭다.

대안으로 스크립트 모드를 사용하여 여러 줄의 코딩을 한꺼번에 입력 후 나중에 불러서 결과를 확인할 수 있다.

IDLE에서 [File] – [New File] 메뉴를 선택한다.

메모장 창이 열리는데 이것이 스크립트 모드이다.

단, 스크립트 모드에서는 입력만 되고 실행은 되지 않는다.

[File] – [Save] 메뉴를 선택 후 저장한다. 확장자는 *.py로 자동으로 저장된다.

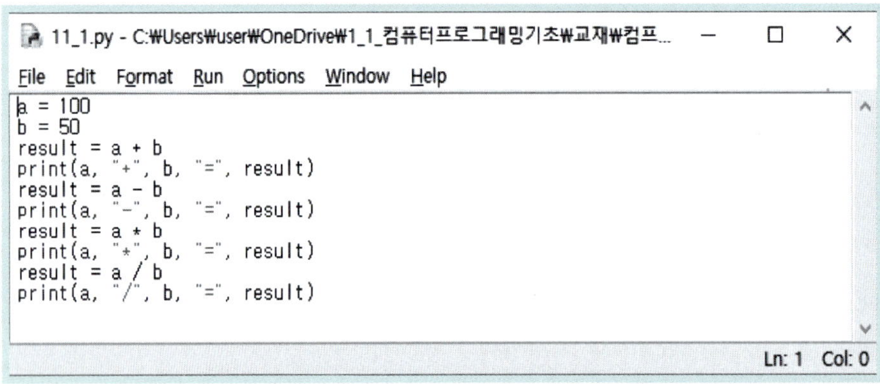

5) 파이썬 파일 실행

스크립트 모드에서 [File] – [Run Module] 메뉴를 선택하거나 F5 버튼을 눌러 저장된 파일을 불러와 코드를 실행할 수 있다.

스크립트 모드에서 저장한 파일이 대화형 모드로 결과가 출력된다.

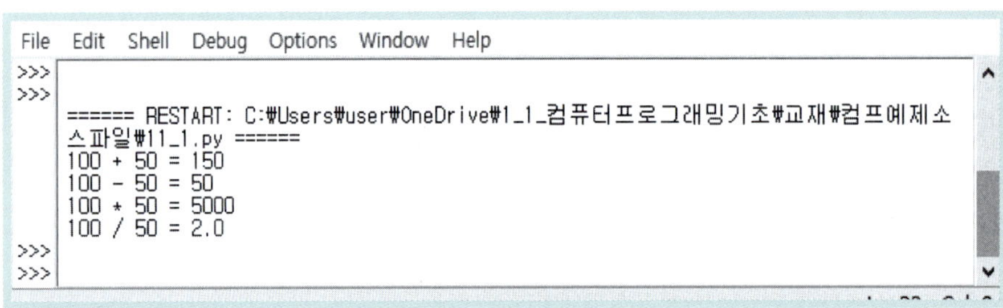

2. 변수와 데이터형 이해하기

1) 변수의 이해

변수는 데이터를 저장하는 메모리 공간이다.

파이썬은 변수 선언을 하지 않아도 된다.

하지만 긴 프로그램에서는 변수를 미리 계획해서 준비하는 방식으로 미리 선언을 해 사용하기도 한다.

한번 타입이 선언된 변수에 다른 타입의 값을 넣으면 그 변수의 타입도 변한다.

- **변수는**

  값을 넣을 수도 있고,

```
Var1 = 100
Var2 = Var1
```

  계산된 결과를 넣을 수도 있고,

```
Var1 = 100 + 100
```

  숫자와 변수 안의 값과의 연산 결과를 넣을 수도 있고,

```
Var1 = Var2 + 100
```

  자신의 값을 연산한 후 다시 자신에게 넣을 수도 있다.

```
Var1 = Var1 +200
```

- **변수 선언**

```
boolVar = True
intVar = 0
floatVar = 0.0
strVar = "Hello"
```

위의 변수 선언은 다음과 같이 표현할 수도 있다.

```
boolVar, intVar, floatVar, strVar = True, 0, 0.0, "Hello"
```

변수는 오른쪽에서 왼쪽으로 대입된다.

Var1=var2=var3=100은 세 변수에 모두 100이 대입된다.

2) 변수명 규칙

대, 소문자를 구분한다. (intVar과 IntVar은 서로 다른 변수)

문자, 숫자, 언더바(_)를 포함할 수 있다.

숫자로 시작하면 안 된다. (Var2, _Var2, Var_2는 가능하나 2Var는 안된다.)

파이썬의 예약어를 사용할 수 없다. (True, False, None, and, or, not, break, continue, return, if, else, for, while, import….)

3) 데이터형 이해하기

파이썬에서 변수는 어떤 데이터를 넣느냐에 따라 그 변수의 타입이 정해진다.

- **정수형**

100이라는 정수를 넣는 순간 변수 a는 정수형 변수가 된다.

```
a = 100
type(a)
```

[출력 결과]

```
<class 'int'>
```

- **실수형**

3.14라는 실수를 넣으면 변수 b는 실수형 변수가 된다.

```
b = 3.14
type(b)
```

[출력 결과]

```
<class 'float'>
```

- **불형**

① bool형은 True나 False만을 저장한다.

```
Xnum=False
type(Xnum)
```

[출력 결과]

```
<class 'bool'>
```

② 비교의 결과를 참이나 거짓으로 저장한다.

```
c = (10 > 100)    # 10이 100보다 큰가?
d = (100 ==100)  # 100이 100과 같은가?
print (c, d)
```

[출력 결과]

```
<false, true>
```

- **문자열형**

파이썬의 문자열은 큰따옴표나 작은따옴표로 감싸야 한다.

```
e = "지금은 파이썬"
e
print(e)
type(e)
```

[출력 결과]

```
'지금은 파이썬'
지금은 파이썬
<class 'str'>
```

문자열을 그대로 출력하면 작은따옴표에 묶여서 출력되고 print() 함수로 출력하면 따옴표 없이 그냥 출력된다.

3. print() 함수를 사용한 출력

1) print() 함수에서 사용하는 서식

서식	예	설명
%d, %x, %o	10, A, 1234	정수 (10진수, 16진수, 8진수)
%f	0.5, 3.14	실수
%c	"한", "A"	한 글자
%s	"Hello"	두 글자 이상인 문자열

- 따옴표 안에 들어가는 숫자는 숫자가 아닌 문자로 인식한다.

```
print("100 + 100")
```

[출력 결과]

```
100+100
```

- 서식 사용하여 출력하기

```
print("%d" % 590)     # 결과는 590
print("%x" % 590)     # 결과는 24e
print("%o" % 590)     # 결과는 1116
```

- %는 왼쪽 서식과 오른쪽 값을 구분해 주는 역할을 한다.

```
print("%d" % (100 +100))
```

[출력 결과]

```
200
```

[오류]

```
print("%d" % (100, 200))
```

서식은 하나인데 뒤에 숫자가 두 개라 오류이다.

[수정]

```
print("%d %d" % (100, 200))
```

- " " 안에 있는 문자열을 출력한다.

```
print("%s" % "hello")
```

[출력 결과]

- 총 10자리를 확보하고 오른쪽 정렬로 문자가 출력된다.

```
print("%10s" % "hello")
```

[출력 결과]

- 소수점 첫째 자리만 출력한다. (소수점 둘째 자리에서 반올림)

  7자리를 만들고 오른쪽 정렬로 출력한다.

```
print("%7.1f" % "123.46")
```

[출력 결과]

		1	2	3	.	5

- 오른쪽 정렬로 붙이고 나머지는 0으로 채운다.

  5자리를 만들고 숫자는 오른 정렬로 출력한다.

```
print("%05d" % "123")
```

[출력 결과]

0	0	1	2	3

2) 예제 : 계산기 프로그램

사칙연산을 하는 계산기를 만들어 본다.

input( ) 함수를 활용해 숫자를 입력받아 계산하는 프로그램을 작성해 본다.

- int( ) 함수를 사용해 정수로 변환

```
a = int(input("첫 번째 숫자를 입력하세요 : "))
b = int(input("두 번째 숫자를 입력하세요 : "))
result = a + b
print(a, "+", b, "=", result)
result = a - b
print(a, "-", b, "=", result)
result = a * b
print(a, "*", b, "=", result)
result = a / b
print(a, "/", b, "=", result)
```

[출력 결과]

```
File Edit Shell Debug Options Window Help
====== RESTART: C:₩Users₩user₩OneDrive₩1_1_컴퓨터프로그래밍기초₩교재₩컴프예제소
스파일₩11_2.py ======
첫 번째 숫자를 입력하세요 : 60
두 번째 숫자를 입력하세요 : 50
60 + 50 = 110
60 - 50 = 10
60 * 50 = 3000
60 / 50 = 1.2
>>>
```

만일 input 함수에 int 함수를 지정하지 않으면 input으로 받은 숫자가 문자로 인식되어 프로그램 오류가 생긴다.

4. 터틀 그래픽 프로그램

거북이가 나타나 정사각형을 그리는 프로그램을 만들어 본다. turtle은 파이썬에서 기본적으로 제공해 주는 함수이다.

```
import turtle

turtle.shape('turtle')

turtle.forward(200)
turtle.right(90)
turtle.forward(200)
turtle.right(90)
turtle.forward(200)
turtle.right(90)
turtle.forward(200)

turtle.done()
```

[출력 결과]

설명

- import turtle : 파이썬에서 기본으로 제공하는 함수
- turtle.shape('turtle') : 터틀의 모양을 classic, triangle 등으로 바꿀 수 있다.
- turtle.forward(200) : 터틀을 앞으로 이동(처음 거북이가 오른쪽을 바라보고 있어 오른쪽으로 200만큼 이동한다.)
- turtle.right(90) : 터틀을 오른쪽으로 90도 회전
- turtle.forward(200) : 터틀이 아래를 보고 있어 아래로 200만큼 이동한다.
- turtle.right(90)
- turtle.forward(200) : 터틀이 왼쪽을 보고 있어 왼쪽으로 200만큼 이동한다.
- turtle.right(90)
- turtle.forward(200) : 터틀이 위를 보고 있어 위로 200만큼 이동한다.

학습정리

파이썬의 특징

- 변수는 값을 담을 수 있는 그릇의 개념이다.
- print( ) 함수는 괄호 안의 내용을 화면에 출력하는 함수이다.
- 파이썬 코드를 저장한 파일의 확장명은 *.py이다.
- input( )함수는 키보드로 값을 입력받는데 타입이 지정되지 않으면 숫자도 문자로 인식한다.

변수

- 대, 소문자를 구분한다. (intVar과 IntVar은 서로 다른 변수)
- 문자, 숫자, 언더바(_)를 포함한다.
- 숫자로 시작하면 안된다. (Var2, _Var2, Var_2는 가능하나 2Var는 안된다.)
- 파이썬의 예약어를 사용할 수 없다.(True, False, None, and, or, not, break, continue, return, if, else, for, while, import….)

print() 함수에서 사용하는 서식

서식	예	설명
%d, %x, %o	10, A, 1234	정수 (10진수, 16진수, 8진수)
%f	0.5, 3.14	실수
%c	"한", "A"	한 글자
%s	"Hello"	두 글자 이상인 문자열

연습문제

1. P1과 P2 변수를 더해서 P3에 넣으라는 의미의 코드를 작성하시오.

① p1 + p2 = p3.　　② p1 = p2 = p3
③ p3 = p1 + p2　　④ p1 + p2 + p3

2. 다음 코드가 출력하는 결과는 무엇인가?

```
A1 = 10
A2 = 5
Ans= A1-A2
print(A1, '-', A2, '=', Ans)
```

① A1 − A2 = Ans　　② 10 − 5 = 5
③ 10, −, 5, =, 5　　④ A1, −, A2, =, Ans

3. 다음 각 보기를 실행했을 때 출력되는 값이 다른 하나는 무엇인가?

① print("550")　　② print(500+50)
③ print("500+50")　　④ print(550)

4. 다음 각 보기의 출력 결과를 구하시오.

(1) print("%05d" % 567)
(2) print("%s" % "Wellbeing")
(3) print("%1.1f" % 3.14)

5. 다음 중 파이썬에서 제공하는 데이터 타입 중 잘못 표기된 것은 무엇인가?

① 불형 : bool　　② 정수 : int
③ 실수 : float　　④ 문자열 : strs

6. 다음 중 변수의 쓰임이 잘못된 것은 무엇인가?

① var=200
② var = var1 = var2 = 200
③ var = var1 = 100 = var2
④ var2 = var1= 100

7. 다음 중 데이터형에 대한 설명이 바르지 못한 것은 무엇인가?
   ① 정수형은 <class 'integer'>로 표현된다.
   ② 불형은 True, False 두 값 중 하나가 저장된다.
   ③ 3.14는 실수형이다.
   ④ 문자열은 큰따옴표나 작은따옴표로 지정한다.

8. 파이썬의 특징에 대한 설명이 틀린 것은 무엇인가?
   ① 스크립트 언어이다.
   ② 별도의 컴파일러를 필요로 하지 않는다.
   ③ 소스 코드를 한 줄씩 읽고 처리하는 인터프리터 언어이다.
   ④ 추가적으로 제공되는 라이브러리는 유료이다.

9. 다음 보기 중 print() 함수의 출력 값이 다른 것은 무엇인가?
   ① print("%d" % 2)　　② print("%x" % 2)
   ③ print("%f" % 2)　　④ print("%o" % 2)

10. 아래 코드의 오류가 발생했다면 그 이유에 해당하는 것은 무엇인가?

```
int('1002', 2)
```

   ① 숫자에 따옴표가 들어있다.
   ② 숫자가 2진수가 아니다.
   ③ 2에 따옴표가 없다.
   ④ 두 숫자 사이에 콤마가 없어야 한다.

정답 1. ③ 2. ② 3. ③ 4. (1) 00567, (2) Wellbeing, (3) 3.1 5. ④ 6. ③ 7. ① 8. ④ 9. ③ 10. ②

CHAPTER 12

조건, 반복, 함수 이용

학습목차

1. if문 익히기
2. 반복문 익히기
3. 함수 활용하기

학습목표

- 기본 if문, 중첩 if문의 형식과 사용법을 익힌다.
- 반복문을 활용하여 구구단을 출력하는 프로그램을 만들 수 있다.
- 함수의 정의와 다양한 함수의 활용에 대해 익힐 수 있다.

1. if문 익히기

1) 기본 if문

if문은 가장 기본적인 조건문으로 조건식이 참이면 '실행할 문장'을 실행하고, 거짓이면 아무것도 실행하지 않은 채 프로그램을 종료한다.

예제 1

```
a=99
if a < 100 :
    print("100보다 작군요.:)
```

참고

파이썬에서 if문 다음에 실행할 문장은 if문 다음 줄에서 들여쓰기를 한 후 작성한다. 이때 들여쓰기는 [Tab] 키나 [스페이스]를 4번 정도 누른다.

[예제 1 출력 결과]

```
100보다 작군요.
```

(설명 : if문의 결과가 참이므로 if문 아래 실행문이 실행된다.)

예제 2

```
a = 200

if a < 100 :
    print("100보다 작군요")

print("프로그램 끝")
```

[예제 2 출력 결과]

```
프로그램 끝
```

(설명 : if문의 결과가 거짓이므로 아래 실행문이 실행되지 않고 그 다음 문장이 실행된다.)

2) if ~ else문

조건식이 참일 때 실행할 문장과 거짓일 때 실행할 문장을 다르게 할 때 사용한다.

조건식이 참이라면 '실행할 문장 1'을 실행하고 거짓이면 else 이후의 '실행할 문장 2'를 실행한다.

예제 3

```
a = 200

if a < 100 :
    print("100보다 작군요.")
else :
    print("100보다 크군요.")
```

[예제 3 출력 결과]

```
100보다 크군요.
```

예제 4

```
a = int(input("정수를 입력하세요 : "))

if a % 2 == 0 :
    print("짝수를 입력했군요.")
else :
    print("홀수를 입력했군요.")
```

[예제 4 출력 결과]

```
정수를 입력하세요 : 500
짝수를 입력했군요.
```

3) 중첩 if문

if ~ else ~ if ~ else문

조건이 여러 개일 때 사용한다.

여러 개의 조건을 작성할 때에는 계속 들여쓰기를 해준다.

예제 5

점수를 입력받아 학점을 알아볼 수 있는 예제이다.

```
score = int(input("점수가 몇 점인가요? : "))

if score >= 90 :
        print("grade = A")
else :
        if score >= 80 :
                print("grade = B")
        else :
                if score >= 70 :
                        print("grade = C")
                else :
                        if score >= 60 :
                                print("grade = D")
                        else :
                                print("grade = F")

print("학점입니다. ^^")
```

[예제 5 출력 결과]

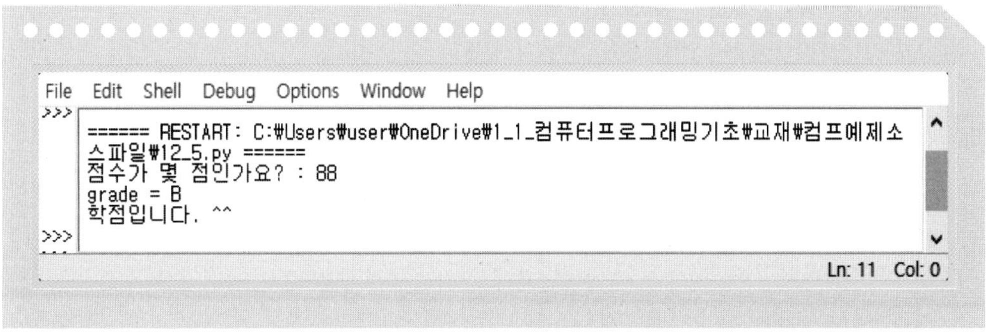

예제 6

점수를 입력받아 점수가 90점 이상이면 '장학생입니다.' 그렇지 않고 60점 이상이면 '합격입니다.', 60점 이하이면 '불합격입니다.'를 출력하는 예제이다.

```
score = int(input("점수가 몇 점인가요? : "))

if score >= 90 :
        print("장학생", end=' ')
else :
        if score >= 60 :
            print("합격", end = ' ')
        else :
            print("불합격", end = ' ')

print("입니다. ^^")
```

[예제 6 출력 결과]

```
File Edit Shell Debug Options Window Help
>>>
>>>
====== RESTART: C:₩Users₩user₩OneDrive₩1_1_컴퓨터프로그래밍기초₩교재₩컴프예제소스파일₩12_6.py ======
점수가 몇 점인가요? : 95
장학생 입니다. ^^
>>>
```

2. 반복문 익히기

1) for문의 기본 형식

```
for 변수 in range(시작값, 끝값+1, 증가값) :
    이 부분을 반복
```

range() 함수는 지정된 범위의 값을 반환한다.

예제 7

```
for p in range(0, 3, 1) :
    print ("안녕하세요")
```

참고

range()는 0, 1, 2를 반환하며 변수에 값을 하나씩 대입하면서 반복문을 수행한다.
Range(0, 3, 1)은 [0, 1, 2]와 같다. 즉 반복문은 총 3회 반복한다.

[예제 7 출력 결과]

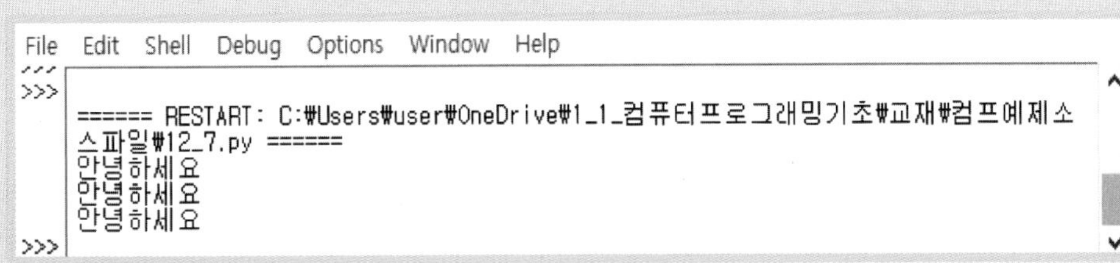

예제 8

```
i, hap = 0, 0

for i in range(0, 11, 1) :
        hap = hap + i
print("1에서 10까지의 합계 : %d" % hap)
```

[예제 8 출력 결과]

```
1에서 10까지의 합계 : 55
```

참고

파이썬은 변수 선언을 하지 않지만 누적을 해야 할 때는 변수에 어떤 값이 있어야 해서 초기화가 필요하다.

예제 9

(예제 8)을 일부 변경하여 for문이 반복될 때마다 출력을 하도록 만들었다.

그러기 위해서는 print()문이 반복문 안(들여쓰기)에 있어야 한다.

```
i, hap = 0, 0

for i in range(0, 11, 1) :
```

```
        hap = hap + i
        print(hap)
```

[예제 9 출력 결과]

이 경우 for문은 모두 11회 반복했다는 것을 볼 수 있다.

```
File  Edit  Shell  Debug  Options  Window  Help
>>>
====== RESTART: C:₩Users₩user₩OneDrive₩1_1_컴퓨터프로그래밍기초₩교재₩컴프예제소스파일₩12_9.py ======
0
1
3
6
10
15
21
28
36
45
55
>>> |
```

2) 중첩 for문

중첩 for문은 for문 안에 또 for문이 들어가는 것이다.

이때 처음의 for문 안에 들어가는 두 번째 for문은 들여쓰기로 작성되어야 한다.

세 번째 for문은 두 번째 for문에서 또 다시 들여쓰기로 작성되어야 한다.

3) 중첩 for문을 이용한 구구단 출력하기

for문을 이용하여 간단하게 구구단을 출력하는 코딩을 작성할 수 있다.

출력할 단의 숫자를 입력받아 해당 숫자의 구구단을 출력한다.

예제 10

```
i, gugudan = 0, 0
gugudan = int(input("단을 입력하세요 : ")) # int는 입력받은 값을 정수로 만든다.
for i in range(1, 10, 1) :
     print("%d  X  %d  =  %2d" % (gugudan, i, gugudan * i))
   """
   2d는 두자리 정수로 서식을 정한 것
   """
```

[예제 10 출력 결과]

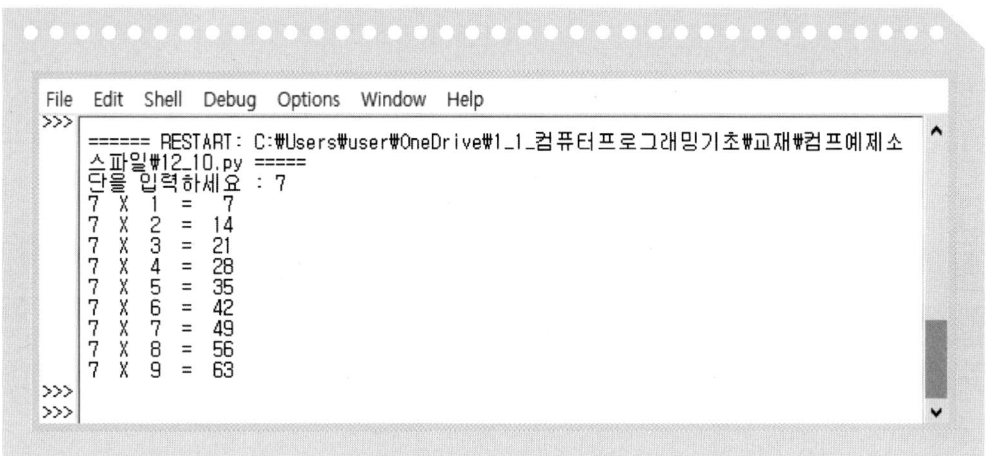

예제 11

중첩 for문을 이용하여 구구단 전체를 출력하도록 한다.

```
j, k = 0, 0

for j in range(2, 10, 1) :
     for k in range(1, 10, 1) :
          print("%d X %d = %2d" %(j, k, j * k))
     print("")
```

[예제 11 출력 결과]

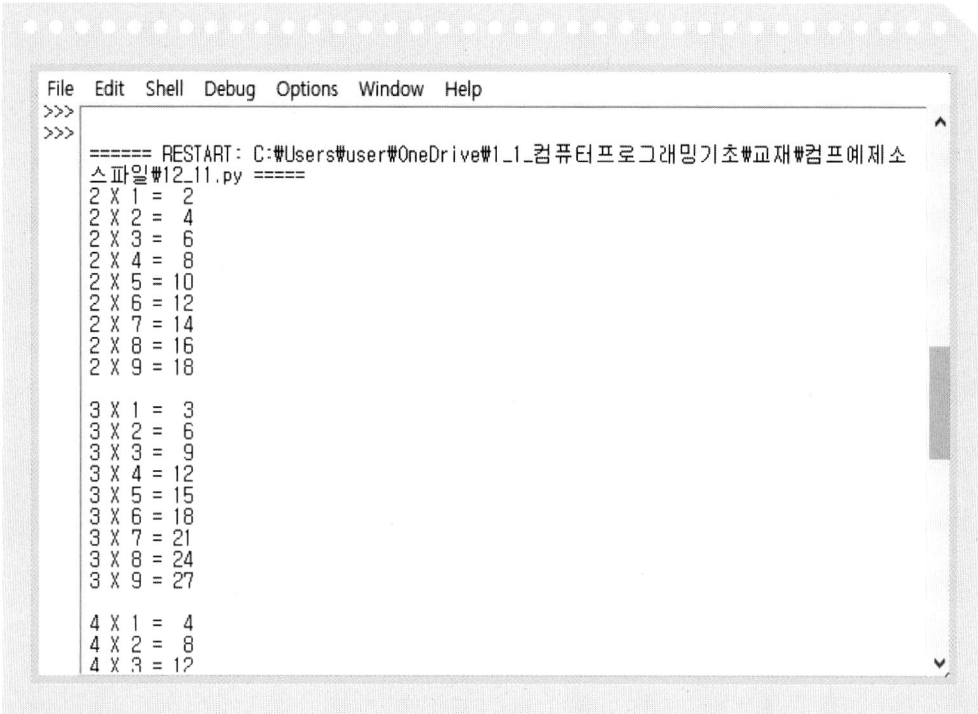

한 단이 끝나면 한 줄 건너고 다시 그 다음 단이 출력되도록 print("") 문장이 추가되었다.

예제 12

만일 print("") 문장을 없애면 단 사이의 빈 줄이 없이 이어져서 단이 출력된다.

```
j, k = 0, 0
for j in range(2, 10, 1) :
    for k in range(1, 10, 1) :
        print("%d X %d = %2d" %(j, k, j * k))
```

[예제 12 출력 결과]

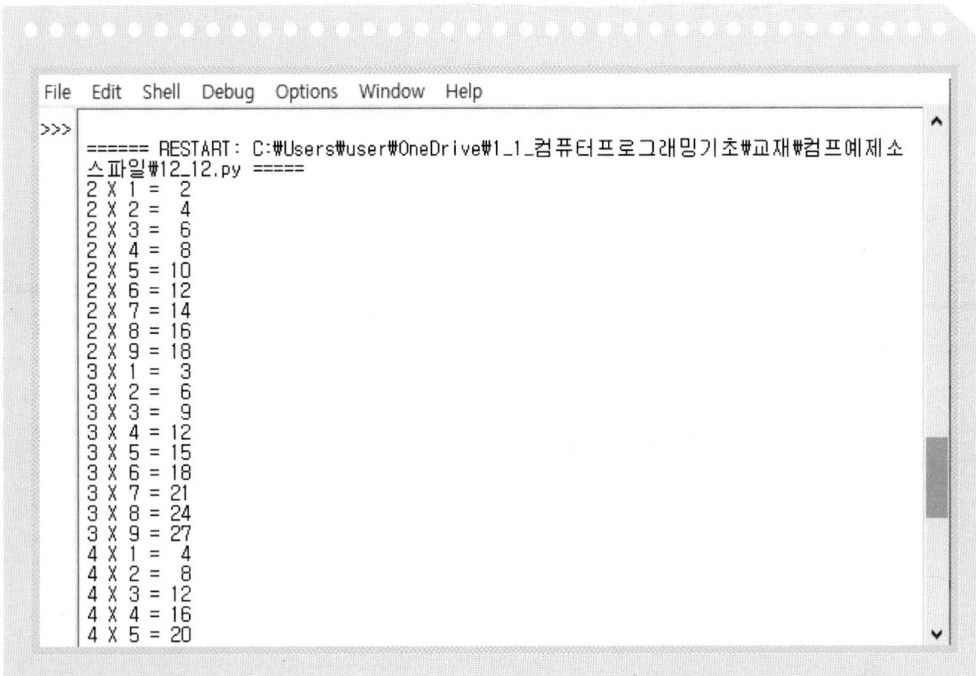

예제 13

print("") 문장을 어느 위치에 들여쓰기로 입력하느냐에 따라 줄 간격이 달라진다.

두 번째 for문의 print()문과 같은 위치의 들여쓰기로 입력했다면 문장마다 빈 줄이 하나씩 반복해서 출력된다.

```
j, k = 0, 0
for j in range(2, 10, 1) :
     for k in range(1, 10, 1) :
          print("%d X %d = %2d" %(j, k, j * k))
          print("")
```

[예제 13 출력 결과]

```
File  Edit  Shell  Debug  Options  Window  Help
====== RESTART: C:₩Users₩user₩OneDrive₩1_1_컴퓨터프로그래밍기초₩교재₩컴프예제소
스파일₩12_13.py =====
2 X 1 =  2

2 X 2 =  4

2 X 3 =  6

2 X 4 =  8

2 X 5 = 10

2 X 6 = 12

2 X 7 = 14

2 X 8 = 16

2 X 9 = 18

3 X 1 =  3

3 X 2 =  6

3 X 3 =  9
```

4) while문

while문은 조건식을 확인해 이 값이 참이면 "반복할 문장들"을 수행한다. 즉, 조건식이 참인 동안에는 계속 반복한다.

〈while문의 기본 형식〉

```
변수 = 시작값
while 변수 < 끝값 :
    이 부분을 반복
    변수 = 변수 + 증가값
```

예제 14

```
i, sum = 0, 0
i = 1
while i < 21 :
     sum = sum + i
     i = i + 1
print("1에서 20까지의 합계 : %d" % sum)
```

[예제 14 출력 결과]

```
1에서 20까지의 합계 : 210
```

1부터 20까지 더하고 i가 1 증가해 21이 되면 더 이상 i(21)가 21보다 작지 않으므로 조건은 거짓이 되어 while문을 종료하고 나와서 print()문을 실행한다.

5) continue문 사용하여 마름모 모양 출력하기

for문, while문은 continue문을 만나면 블록의 남은 부분을 무조건 건너뛰고 반복문의 처음으로 돌아간다.

예제 15

1에서 100까지 5의 배수만 제외하고 합계를 구한다.

```
sum, i = 0,0

for i in range(1, 101) :
    if i % 5 == 0 :
        continue

    sum += i

print("1~100의 합계(5의 배수 제외) : %d" % sum)
```

[예제 15 출력 결과]

```
1~100의 합계(5의 배수 제외) : 4000
```

3. 함수 활용하기

1) 함수의 형식과 활용

함수는 매개 변수(Parameter)를 입력받은 후 그 매개 변수를 처리해서 반환값을 돌려준다.

함수는 파이썬에서 기본적으로 제공하는 함수도 있고 사용자가 직접 만들어 사용할 수도 있다.

예제 16

두 정수를 입력받아 두 정수의 합계를 반환하는 add( ) 함수를 만든다.

```
# 함수 선언 부분 #
def add ( m1, m2) :
     result = 0
     result = m1 + m2
     return result

# 전역 변수 선언 부분 #
hap = 0

# 메인 코드 부분 #
hap = add(200, 200)
print("100과 200의 add() 함수 결과는 %d" % hap)
```

[예제 16 출력 결과]

```
100과 200의 add() 함수 결과는 300
```

프로그램 진행과정

함수 호출

- add(100, 200)으로 100, 200이라는 숫자로 add( ) 함수를 호출한다.
- 이때 매개 변수인 m1,m2에 100, 200이 각각 할당된다.

함수 실행

- m1과 m2를 더해 result에 대입시킨 후 return result문으로 이 함수를 호출했던 곳, hap = add(100, 200)으로 돌아간다.

결과 반환

- 함수를 실행해 얻은 결과값 result 값 300을 add() 함수를 호출했던 곳으로 돌려준다.

반환값 대입

- 반환된 값 300을 hap 변수에 대입한다.

2) 지역 변수, 전역 변수

지역 변수

한 함수 안에서 선언하고 그 함수 안에서 사용한다.

전역 변수

함수 밖에서 선언하고 모든 함수에서 사용한다.

선언 위치는 맨 위쪽이든 아래쪽이든 상관없이 선언할 수 있다.

예제 17

```
## 함수 선언 부분 ##
def ssing1() :
    a = 10      # 지역 변수
    print("ssing1()에서 a값 %d" % a)
def ssing2() :
    print("ssing2()에서 a값 %d" % a)
```

```
## 전역 변수 선언 부분 ##
a = 20          # 전역 변수

## 메인 코드 부분 ##
ssing1()
ssing2()
```

[예제 17 출력 결과]

```
ssing1()에서 a값 10
ssing2()에서 a값 20
```

3) 문자열 함수

문자열을 지원하는 함수의 종류는 매우 많다.

- **대소문자 변환하기**

  upper() : 대문자 변환, lower() : 소문자 변환

- **문자열 공백 삭제하기**

  strip() : 문자열의 앞뒤 공백을 삭제

  rstrip() : 문자열의 뒤 공백을 삭제

  lstrip() : 문자열의 앞 공백을 삭제

- **문자열 정렬하기**

  center(숫자) : 숫자만큼 전체 자릿수를 잡고 문자열을 가운데 배치

  ljust() : 왼쪽에 붙여서 출력

  rjust() : 오른쪽에 붙여서 출력

예제 18

```
ss="파이썬"
print(ss.center(10))
print(ss.center(10, '-'))
print(ss.ljust(10))
print(ss.rjust(10))
```

[예제 18 출력 결과]

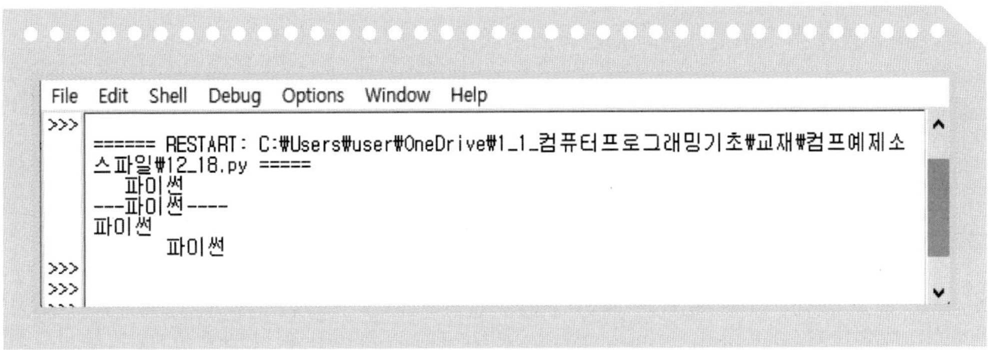

학습정리

for문의 기본 형식

for 변수 in range(시작값, 끝값+1, 증가값) :

  이 부분을 반복

while문의 기본 형식

변수 = 시작값

while 변수<끝값 :

  이 부분을 반복

  변수 = 변수+증가값

지역 변수

한 함수 안에서 선언하고 그 함수 안에서 사용한다.

전역 변수

함수 밖에서 선언하고 모든 함수에서 사용한다.

선언 위치는 맨 위쪽이든 아래쪽이든 상관없이 선언할 수 있다.

문자열 함수

upper() : 대문자 변환, lower() : 소문자 변환

strip() : 문자열의 앞뒤 공백을 삭제

rstrip() : 문자열의 뒤 공백을 삭제

lstrip() : 문자열의 앞 공백을 삭제

center(숫자) : 숫자만큼 전체 자릿수를 잡고 문자열을 가운데 배치

ljust() : 왼쪽에 붙여서 출력

연습문제

1. num이 200인 경우에 실행되는 if문이 제대로 작성된 것은 무엇인가?

① if num = 100

② if num != 100

③ if num == 100

④ if num is 100

2. 다음 코드를 완성하시오.

60점 이상이면 합격이고 60점 미만이면 불합격을 출력하기 위한 if문을 작성하시오.

```
jumsu = 55
res = ' '
if (    ①    ) >= 60 :
   (    ②    ) = '합격'
else :
   (    ③    ) = '불합격'
print(    ④    )
```

3. 다음의 for문은 모두 몇 번 반복을 하는가?

```
for i in range(0, 5, 1) :
    print("반복문 공부중")
```

① 0번

② 1번

③ 4번

④ 5번

4. 다음 코드는 1부터 100까지 3의 배수의 합계를 출력하는 코드이다. 코드를 완성하도록 각 빈칸에 들어갈 알맞은 코드를 쓰시오.

```
hap = (___①___)
for i in range (________②________) :
    hap += i
print(hap)
```

5. 정수를 입력받아 3의 배수인지 알아보는 코드이다. 밑줄 친 빈 곳에 들어갈 코드를 쓰시오.

```
num = ____①____ (input("정수를 입력하세요 : "))
if ______②______ :
    print("3의 배수가 아닙니다.")
  ___③___ :
    print("3의 배수입니다.")
```

6. 아래 for문의 총 반복 횟수는 얼마인가?

```
for i in range(5, 10, 1) :
    print("반복중")
```

7. 다음은 구구단 중 한 단을 출력할 수 있는 코드이다. 빈칸에 들어갈 코드를 쓰시오.

```
i, su = ___①___
su = int(input("단을 입력하세요 : "))
for i in range(1, _____②_____) :
    print("%d  X  %d  =  %2d" % (_____③_____ ))
```

정답 1. ③ 2. ① jumsu, ② res, ③ res, ④ res 3. ④ 4. ① 0, ② 0, 101, 3 5. ① int, ② num % 5 != 0, ③ else 6. 5회 7. ① 0, 0, ② 10, 1, ③ su, i, su * i

CHAPTER 13

윈도우 프로그래밍

학습목차

1. 터틀 그래픽으로 문자 쓰기
2. 윈도우 프로그래밍
3. 사진 앨범 만들기

학습목표

- 텍스트 기반이 아닌 윈도우창이 나오는 윈도우 프로그래밍을 익힐 수 있다.
- 윈도우 기반 위젯을 만들고 활용할 수 있다.
- 위젯과 함수를 활용하여 사진 앨범을 프로그래밍 할 수 있다.

1. 터틀 그래픽으로 문자 쓰기

터틀 그래픽은 문자열을 입력받고, 거북이가 한 글자씩 임의의 크기와 색상으로 임의의 위치에 입력받은 문자열을 쓰는 프로그램이다.

1) 모듈 임포트하기

모듈은 여러 함수들을 모아놓은 집합체로 파이썬에서 제공하는 다양한 모듈을 불러와 사용하면 좀 더 프로그램을 쉽게 작성할 수 있다. 모듈은 파이썬에서 제공하는 표준 모듈 외에 사용자 정의 모듈과 외부 서드 파티 모듈 등이 있다.

각각의 모듈에 어떤 함수나 변수가 포함되는지 알아보기 위해서는 파이썬 IDLE를 새롭게 실행한 후 모듈을 임포트한 다음 dir 함수를 호출한다.

```
import turtle
import random
from tkinter.simpledialog import *
```

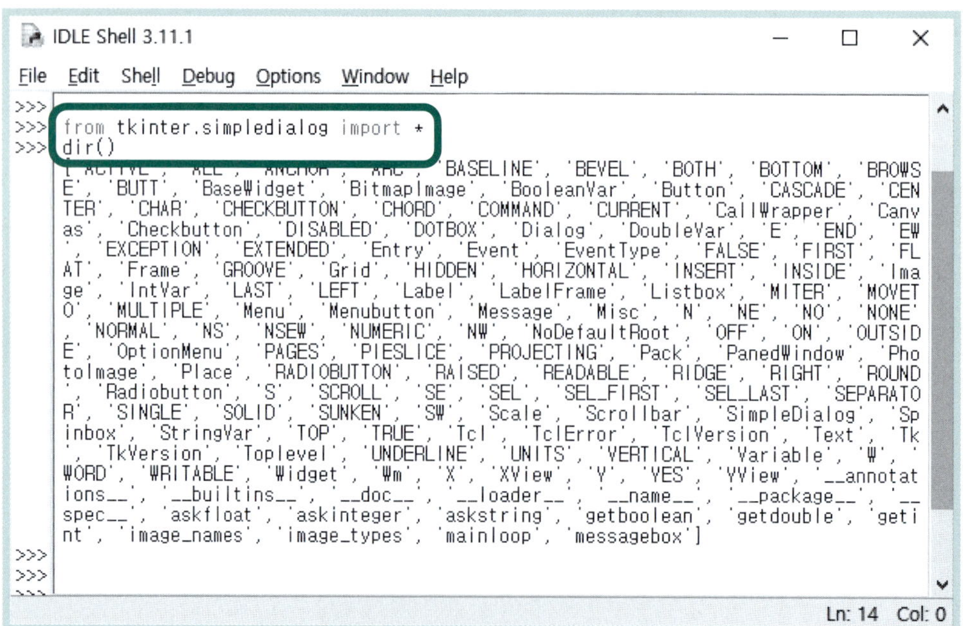

2) 전역변수 선언

```
inputStr = ''
ttwidth, ttheight = 300, 300
turtleX, turtleY, turtleTsize = [0] * 3
```

inputStr - 입력받을 문자열을 저장할 변수
turtleX, turtleY - 글자의 위치
turtleTsize = [0]*3 - 글자 크기

3) 메인 코드

```
turtle.title('터틀로 글자쓰기')
turtle.shape('turtle')
turtle.setup(width = ttwidth + 50, height = ttheight + 50)
turtle.screensize(ttwidth, ttheight)
turtle.penup()
```

turtle.penup() - 거북이가 움직일 때 선을 긋지 않도록 한다.

4) 입력받은 문자열 한 글자씩 출력

```
inputStr = askstring('입력받을 문자열 창', '거북이가 쓸 글자를 입력하세요')

for ch in inputStr :
```

입력받은 문자열에서 한 글자씩 꺼내 ch에 넣은 후 for문이 글자가 다 끝날 때까지 반복된다.

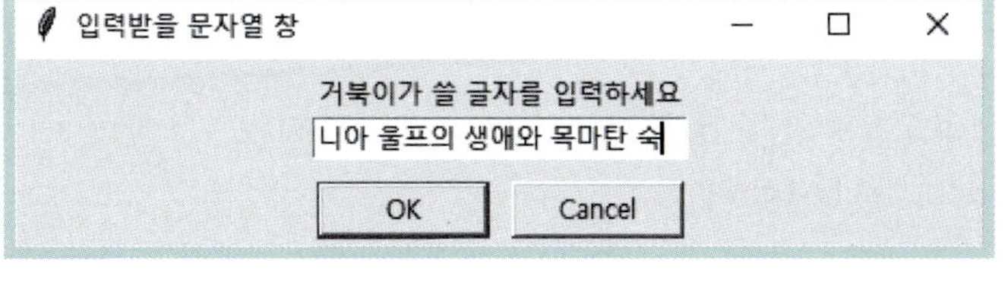

5) 랜덤한 위치, 크기, 색상

```
turtleX = random.randrange(-ttwidth/2, ttwidth/2)
turtleY = random.randrange(-ttheight/2, ttheight/2)
r = random.random(); g = random.random(); b = random.random()
turtleTsize = random.randrange(25, 50)
```

6) 터틀 글자쓰기

```
turtle.goto(turtleX, turtleY)

turtle.pencolor((r, g, b))
turtle.write(ch, font=('맑은고딕', turtleTsize, 'bold'))
```

터틀의 turtleX, turtleY의 위치로 위치시킨다.

쓰여질 텍스트의 폰트(색상, 글자체, 사이즈)로 글자를 쓴다.

[전체 소스 보기]

```
import turtle
import random
from tkinter.simpledialog import *

## 전역 변수 선언 부분 ##
inputStr = ''
ttwidth, ttheight = 300, 300
turtleX, turtleY, turtleTsize = [0] * 3

## 메인 코드 부분 ##
turtle.title(' 터틀로 글자쓰기')
turtle.shape('turtle')
turtle.setup(width = ttwidth + 50, height = ttheight + 50)
turtle.screensize(ttwidth, ttheight)
```

```
turtle.penup()

inputStr = askstring(' 입력받을 문자열 창', '거북이가 쓸 글자를 입력하세요')

for ch in inputStr :

    turtleX = random.randrange(-ttwidth/2, ttwidth/2)
    turtleY = random.randrange(-ttheight/2, ttheight/2)
    r = random.random(); g = random.random(); b = random.random()
    turtleTsize = random.randrange(25, 50)

    turtle.goto(turtleX, turtleY)

    turtle.pencolor((r, g, b))
    turtle.write(ch, font=('맑은고딕', turtleTsize, 'bold'))

turtle.done()
```

[결과 보기]

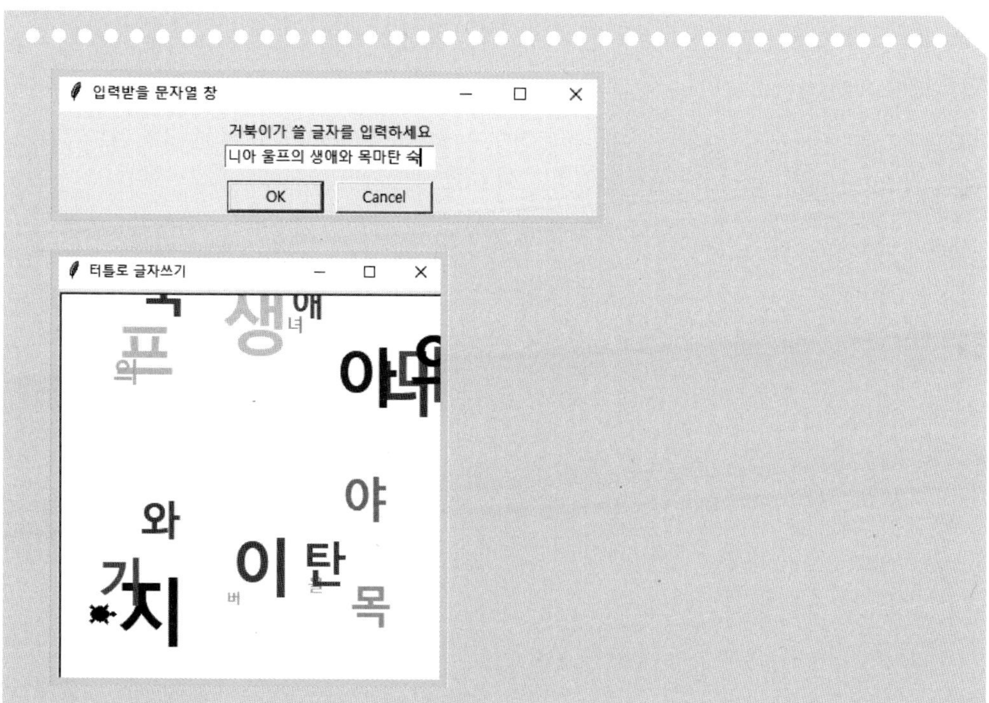

2. 윈도우 프로그래밍

윈도우 프로그래밍이란 텍스트 기반이 아닌 윈도우창이 나오는 프로그래밍 또는 GUI 프로그래밍을 의미한다.

1) 기본 위젯

위젯(widget)은 윈도우창에 나올 수 있는 문자, 버튼, 체크박스, 라디오 버튼 등을 의미한다.

윈도우창을 프로그램하려면 기본적으로 위젯을 배치하고 활용하는 방법을 익혀야 한다.

기본 윈도우창

예 1

기본 윈도우 구성

```
from tkinter import *
window = Tk()
window.mainloop()
```

tkinter는 TkInterface의 약자로 파이썬에서 GUI 관련 모듈을 제공해주는 표준 윈도우 라이브러리로 윈도우창을 만들 때는 꼭 입력해야 한다.

Tk()는 기본 윈도우를 반환하는데 루트윈도우(Root Window) 또는 베이스윈도우(Base Window)라고 한다. 루트윈도우를 window 변수에 넣는다.

window.mainloop()는 키보드를 누르거나 마우스를 클릭하는 등의 이벤트가 일어날 때 이벤트를 처리한다.

[결과 보기]

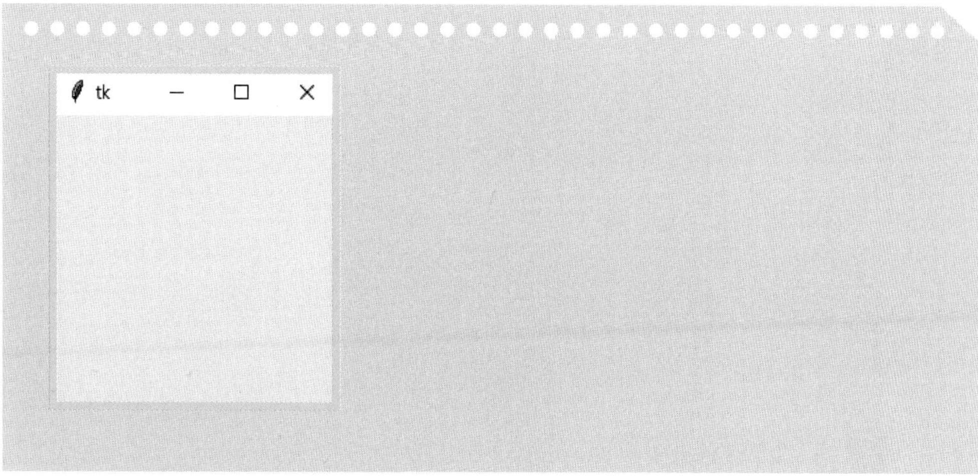

버튼

버튼(Button)은 마우스로 클릭하면 눌리는 효과와 함께 지정한 작업이 실행되도록 하는 위젯이다.

Button(부모윈도우, 옵션…..) 형식으로 사용한다.

예 2

IDLE 종료시키기

IDLE 통합환경을 종료시키는 버튼을 만든다.

```
from tkinter import *
window = Tk()

button_cl = Button(window, text = "IDLE 종료하기", fg = "green", command = quit)
button_cl.pack()

window.mainloop()
```

fg는 글자색을 지정, bg는 배경색을 지정한다.

command는 버튼을 눌렀을 때 지정한 작업(해당 창을 종료한다)을 실행한다.

pack() 함수는 해당 버튼(button_c1)을 화면에 표시한다.

[결과 보기]

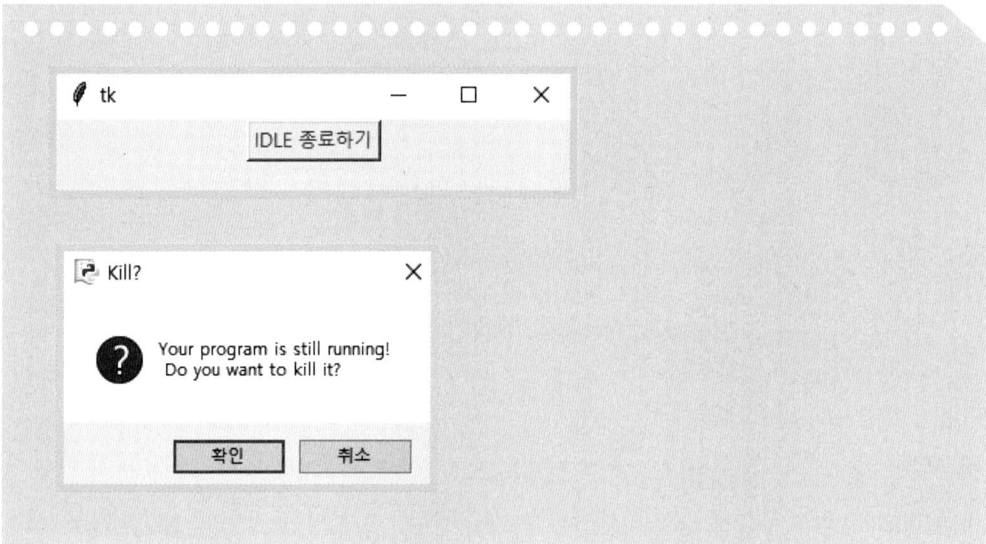

라디오 버튼

Radiobutton은 여러 개 중에서 하나를 선택하는데 사용하는 위젯이다.

Radiobutton(부모윈도우, 옵션…..) 형식으로 사용한다.

예 3

라디오 버튼 만들기

(1) 메인 코드 부분

```
var = IntVar()
radi1 = Radiobutton(window, text = "파이썬", variable = var, value = 1,
command = radiFunc)
radi2 = Radiobutton(window, text = "Scratch", variable = var, value = 2,
command = radiFunc)
radi3 = Radiobutton(window, text = "Java", variable = var, value = 3,
command = radiFunc)
label1 = Label(window, text="선택한 언어 : ", fg="red")
```

정수형 변수를 준비한다.

라디오 버튼 3개를 만든다. 파이썬, Scratch, Java를 선택하도록 한다.

각 라디오 버튼을 선택하면 var에는 value에 할당된 값이 들어간다.

Label()은 문자를 표현할 수 있는 컨트롤로 Label(부모윈도우, 옵션...) 형태로 사용한다.

(2) radiFunc() 함수 선언

```
def  radiFunc() :
    if var.get() == 1 :
        label1.configure(text = "파이썬")
    elif var.get() == 2 :
        label1.configure(text = "Scratch")
    else :
        label1.configure(text = "Java")
```

var 변수 값으로 선택된 레이블의 텍스트를 변경하여 보여준다.

위젯명.configure(옵션=값)은 해당 위젯의 옵션값을 변경시켜주는 함수이다.

(3) 전체 소스 보기

```
from tkinter import *
window = Tk()

## 함수 선언 부분 ##
def  radiFunc() :
    if var.get() == 1 :
        label1.configure(text = "파이썬")
    elif var.get() == 2 :
        label1.configure(text = "Scratch")
    else :
        label1.configure(text = "Java")
```

```
## 메인 코드 부분 ##
var = IntVar()
radi1 = Radiobutton(window, text = "파이썬", variable = var, value =
1, command = radiFunc)
radi2 = Radiobutton(window, text = "Scratch", variable = var, value
= 2, command = radiFunc)
radi3 = Radiobutton(window, text = "Java", variable = var, value = 3,
command = radiFunc)

label1 = Label(window, text="선택한 언어 : ", fg="red")

radi1.pack()
radi2.pack()
radi3.pack()
label1.pack()

window.mainloop()
```

(4) 결과 보기

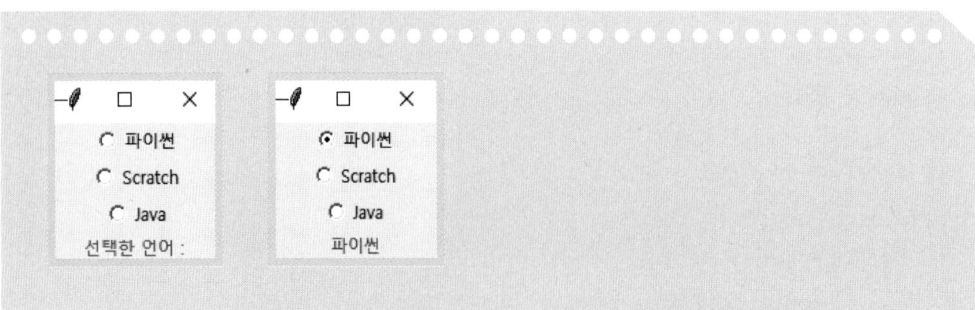

3. 사진 앨범 만들기

윈도우 프로그래밍의 기본 위젯을 이용하여 사진 앨범을 만들 수 있다.

[이전], [다음] 버튼을 만들고 이 버튼을 누르면 앨범에 있는 사진 목록이 나타나는 프로그

램을 만들 수 있다.

사진 앨범을 만들기 위해서는 tkinter 모듈을 불러와야 한다.

from tkinter import *

1) 사진 파일 저장하기

먼저 앨범에 사용할 사진들을 변수에 저장한다.

변수는 전역 변수로 선언한다.

변수 안의 데이터는 리스트로 저장한다.

```
photoName = ["pic1.gif", "pic2.gif", "pic3.gif", "pic4.gif", "pic5.
gif", "pic6.gif", "pic7.gif", "pic8.gif", "pic9.gif"]
num = 0
```

photoName 변수에 모두 9개의 이미지 파일을 저장해 놓는다.

num은 현재 사진의 번호로 0부터 8까지 변한다.

리스트란?

리스트는 여러 개의 데이터를 한꺼번에 담을 수 있는 구조이다.

리스트 이름이 VarList라고 한다면,

각각의 데이터에는 번호(첨자)를 붙여서 지정한다. 이때 번호가 '0'부터 시작해야 한다.

VarList = [10, 20, 30, 40, 50]

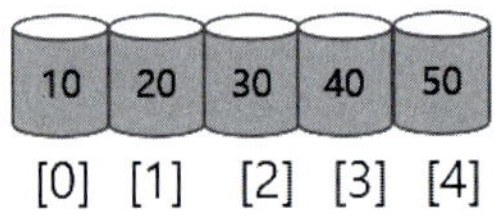

2) [다음] 버튼 처리 함수

다음 버튼을 누르면 사진이 한 장씩 넘어가도록 함수를 설정한다.

```
def goNext() :
    global num
    num += 1
    if num > 8 :
        num = 0
    photo = PhotoImage(file = "picture/" + photoName[num])
    pLabel.configure(image = photo)
    pLabel.image = photo
```

global num : num 전역 변수를 함수 안에서 사용하겠다는 의미이다.

num += 1 : '다음' 버튼을 누를 때마다 (이 함수가 호출될 때마다) 숫자가

if num > 8 :

num = 0 : 사진 번호가 최대 8이므로 8이 넘으면 다시 0번 사진을 표시한다.

pLabel.image = photo : 변경된 사진 번호에 해당하는 이미지 파일로 pLabel을 변경한다.

3) [이전] 버튼 처리 함수

```
def goPrev() :
    global num
    num -= 1
    if num < 0 :
        num = 8
```

```
    photo = PhotoImage(file = "picture/" + photoName[num])
    pLabel.configure(image = photo)
    pLabel.image=photo
```

4) 이전, 다음 처리 함수 호출

```
Prev_btn = Button(window, text = "<< Prev", command = goPrev)
Next_btn = Button(window, text = "Next >>", command = goNext)
```

이전 버튼을 누르면 Prev_btn 함수를 실행시키고

다음 버튼을 누르면 Next_btn 함수를 실행시킨다.

5) 버튼 및 이미지 위치

```
Prev_btn.place(x = 280, y = 470)
Next_btn.place(x = 450, y = 470)
pLabel.place(x = 15, y = 10)
```

'이전', '다음' 버튼의 위치와 이미지가 나타날 위치이다.

[전체 소스 보기]

```
from tkinter import *

## 전역 변수 ##

photoName = ["pic1.gif", "pic2.gif", "pic3.gif", "pic4.gif", "pic5.
gif", "pic6.gif", "pic7.gif", "pic8.gif", "pic9.gif"]
num = 0

## 함수 선언 부분 ##

def goNext() :
```

```
    global num
    num += 1
    if num > 8 :
        num = 0
    photo = PhotoImage(file = "picture/" + photoName[num])
    pLabel.configure(image = photo)
    pLabel.image = photo

def goPrev() :
    global num
    num -= 1
    if num < 0 :
        num = 8
    photo = PhotoImage(file = "picture/" + photoName[num])
    pLabel.configure(image = photo)
    pLabel.image=photo

## 메인 코드 부분 ##
window = Tk()
window.geometry("850x500")
window.title("세계 여행 앨범")

Prev_btn = Button(window, text = "<< Prev", command = goPrev)
Next_btn = Button(window, text = "Next >>", command = goNext)

photo = PhotoImage(file = "picture/" + photoName[0])
pLabel = Label(window, image = photo)

Prev_btn.place(x = 280, y = 470)
Next_btn.place(x = 450, y = 470)
pLabel.place(x = 15, y = 10)

window.mainloop()
```

[결과 보기]

학습정리

위젯은 윈도우창에 나타나는 문자, 버튼, 체크박스, 라디오 버튼 등을 의미한다.

tkinter는 파이썬에서 GUI 관련 모듈을 제공하는 표준 윈도우 라이브러리이다.

pack() 함수는 위젯을 표시할 때 쓰는 함수이다.

라디오 버튼은 여러 개 중에 하나를 선택하는 위젯이다.

Radiobutton(부모윈도우, 옵션…) 형식으로 사용한다.

window.mainloop() 는 키보드를 누르거나 마우스를 클릭하는 등의 이벤트가 일어날 때 이벤트를 처리하는데 필요하다.

중요 소스

```
turtle.penup()
turtleX = random.randrange(-ttwidth/2, ttwidth/2)
from tkinter.simpledialog import *
button1.pack()
window.mainloop()
rb1 = Radiobutton(window, text = "파이썬", variable = var, value = 1,
command = myFunc)
photoList = [None] * 9
pLabel.configure(image = photo)
```

연습문제

1. 다음 그림과 같은 윈도우창이 나오는 코드이다. 빈칸에 알맞은 코드를 보기에서 찾아 쓰시오.

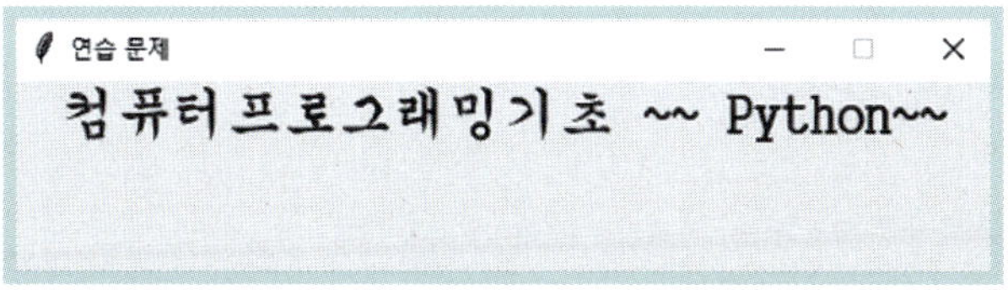

–보기–

[input, resizable, button, size, geometry, mainloop, title, pack, print, view]

```
from tkinter import *

window = Tk()
window.______1______("연습 문제")
window.______2_____("400x100")
window.______3_____(width = FALSE, height = FALSE)

label1 = Label(window, text = "컴퓨터프로그래밍기초 ~~ Python~~",
font = ("궁서체", 20), fg = "blue")
label1.____4_____();

window.________5________()
```

2. 아래 코드는 터틀 모듈로 윈도우창에 글자를 쓰기 위한 코드의 일부이다. 코드가 의미하는 것이 아닌 것은 무엇인가?

```
turtle.title('Turtle turtle')
turtle.shape('turtle')
turtle.setup(width = ttwidth + 50, height = ttheight + 50)
turtle.screensize(ttwidth, ttheight)
turtle.penup()
```

① 터틀로 글씨 쓸 윈도우창의 제목이 있다.
② 터틀의 크기를 정한다.
③ 터틀의 모양을 정한다.
④ 터틀의 펜모양을 정한다.

3. 아래 코드는 터틀 모듈을 활용하여 글자를 쓰는 코드의 일부이다. 코드가 의미하는 것이 아닌 것은 무엇인가?

```
turtleX = random.randrange(-ttwidth/2, ttwidth/2)
turtleY = random.randrange(-ttheight/2, ttheight/2)
r = random.random(); g = random.random(); b = random.random()
turtleTsize = random.randrange(25, 50)

turtle.goto(turtleX, turtleY)

turtle.pencolor((r, g, b))
```

① 터틀은 turtleX, turtleY 좌표값으로 움직인다.
② 쓰여지는 글자의 사이즈는 10, 50이다.
③ turtleX, turtleY 좌표값은 랜덤으로 움직인다.
④ 글씨의 색깔은 랜덤하게 변한다.

4. 아래 이미지처럼 버튼의 위치를 만들기 위해 소스에서 빈칸에 공통으로 들어갈 적절한 코드는 무엇인가?

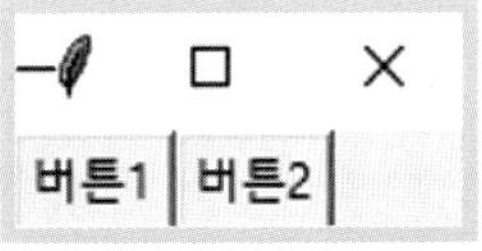


```
from tkinter import *
window = Tk()
```

```
Press1 = Button(window, text = "버튼1")
Press2 = Button(window, text = "버튼2")
Press1.pack(side = ____________)
Press2.pack(side = ____________)

window.mainloop()
```

① "left"
② "right"
③ "top"
④ "bottom"

5. 사진 앨범을 만들 때 '이전' 버튼과 '다음' 버튼을 클릭했을 때 사진을 불러오게 하는 코드의 일부로 goNext는 순서대로 사진을 불러오게 하는 함수이다. 밑줄 친 빈칸에 공통으로 들어갈 코드는 무엇인가?

```
Prev_btn = Button(window, text = "<< Prev", ____________ = goPrev)
Next_btn = Button(window, text = "Next >>", ______________= goNext)
```

① forward
② command
③ configure
④ click

6. 사진 앨범을 만들 때 앨범의 제목을 "세계 여행 앨범'이라고 넣으려고 한다. 밑줄 친 빈칸에 들어갈 코드는 무엇인가?

```
window = Tk()
window.geometry("850x500")
window.________________ ("세계 여행 앨범")
```

① title
② subtitle
③ headline
④ subject

7. 터틀로 글자쓰기 프로그램의 일부이다. (4)번 라인의 의미는 무엇인가?

```
(1) turtle.shape('turtle')
(2) turtle.setup(width = ttwidth + 50, height = ttheight + 50)
(3) turtle.screensize(ttwidth, ttheight)
(4) turtle.penup( )
```

① 터틀 모양을 펜모양으로 바꾼다.
② 터틀이 펜을 드는 모양이 나온다
③ 터틀이 이동 중 선자국을 남기지 않게 한다.
④ 터틀이 펜을 내려놓는 모양이 나온다.

8. SuA라는 변수에 다음과 같은 형태로 데이터를 저장했다. Lotto 변수에는 어떤 데이터가 들어가는가?

```
SuA = [5,10,15,20,25]
Lotto = SuA[3]
```

① 5
② 10
③ 15
④ 20

9. 사진 앨범을 만드는 프로그램의 일부로 goNext() 함수는 [Next] 버튼을 누르면 저장된 사진을 불러와 한 장씩 다음 사진을 보여주게 하기 위함이다. 이때 사진을 한 장씩 보여 주다가 마지막 사진에서 다시 맨 앞에 있는 사진으로 넘어가도록 하는 코드는 몇 번째 코드인가?

```
photoName = [“pic1.gif”, “pic2.gif”, “pic3.gif”, “pic4.gif”,
“pic5.gif”, “pic6.gif”, “pic7.gif”, “pic8.gif”, “pic9.gif”]
num = 0

(1) def goNext() :
(2)    global num
(3)    num += 1
(4)    if num > 8 :
(5)       num = 0
(6)    photo = PhotoImage(file = “picture/” + photoName[num])
(7)    pLabel.configure(image = photo)
(8)    pLabel.image = photo
```

① (3)
② (4)
③ (5)
④ (6)

10. (9)번 문제 코드에서 만일 [Prev] 버튼으로 사진을 뒤로 한 장씩 넘어가도록 함수명을 goPrev( )로 바꾼다면 앞의 함수 코드에서 반드시 바꿔야 하는 라인의 코드는 몇 번째인가?

① (3), (4), (5)
② (4), (5), (6)
③ (3), (4)
④ (4), (5)

정답 1. (1) title (2) geometry (3) resizable (4) pack (5) mainloop 2. ④ 3. ② 4. ① 5. ② 6. ① 7. ③ 8. ④ 9. ③ 10. ①

찾아보기

기타